explora!

Cicero gegen Verres
Die Macht der Rhetorik

C.C.Buchner Verlag • Bamberg

explora!

Herausgegeben von Thomas Doepner, Marina Keip und Antje Sucharski

Heft 1 Cicero gegen Verres - Die Macht der Rhetorik
wurde bearbeitet Thomas Doepner, Marina Keip und Antje Sucharski

Bildnachweis
akg-images / Quagga Media UG – S. 25; Fotolia / Natalia Bratslavsky – S. 41; - / eyetronic – S. 41; - / kotelnyk – S. 23; - / Kurhan – S. 23; - / ppi09 – S. 35; Thinkstock / iStockphoto / claudiodivizia – S. 41; - / iStockphoto / nambitomo – S. 19; www.wikimedia.org – S. 37; - / Clemensfranz / cc-by-sa 3.0 – S. 34; - / J. Patrick Fischer / cc-by-sa 3.0 – S. 46
Titelmotiv: fotolia@lisakolbasa

1. Auflage, 4. Druck 2023
Alle Drucke dieser Auflage sind, weil untereinander unverändert, nebeneinander benutzbar.

Dieses Werk folgt der reformierten Rechtschreibung und Zeichensetzung. Ausnahmen bilden Texte, bei denen künstlerische, philologische oder lizenzrechtliche Gründe einer Änderung entgegenstehen.

Redaktion: Katrin Brogl
Layout und Satz: ideen.manufaktur | bochum
Illustrationen: Anna Reichel
Umschlaggestaltung: tiff.any GmbH, Berlin
Druck und Bindung: mgo360 GmbH & Co. KG, Bamberg

www.ccbuchner.de

ISBN 978-3-661-43201-4

Inhaltsverzeichnis

Salvete, cari lectores,

„Cicero gegen Verres“ – im Jahre 70 v. Chr. eine Sternstunde für den aufsteigenden Anwalt Cicero und ein noch heute berühmter Prozess gegen einen korrupten Politiker. Wer die Nachrichten verfolgt, weiß: Das Thema „Strafverfolgung wegen Amtsmissbrauchs“ ist aktueller denn je!

Überliefert ist uns der Prozess durch eine Rede, die dem jungen Cicero zum politischen und beruflichen Durchbruch verhalf und die in der antiken Welt überall und lange Zeit in aller Munde war. Diese Rede kann als modellhaft für antike und auch moderne Reden angesehen werden.

Dieses **Arbeitsheft** bietet zweierlei: Du liest eine spannende und mitunter amüsante Rede und du lernst grundlegende rhetorische Strategien und wendest sie an. Am Ende der Lektüre vertrittst du selbst kompetent deine Position und hältst eine Rede – sei es auf der Abschlussfeier, sei es bei einem Referat –, an die man sich erinnern wird.

Vor dir liegt ein **Arbeitsheft**! Also: Schreibe hinein, strukturiere, markiere farbig, ergänze, ... und kommentiere deinen Arbeitsprozess.

Es gibt dabei folgende Arbeitsbereiche, die durch Farben und Symbole voneinander abgetrennt sind.

1. **Einführungskapitel** und abschließende **Interpretationsaufgaben** am Anfang und Ende des Heftes geben den „Roten Faden“ der Lektüre vor.
2. **Texterschließung:** Als Einstieg in den Text helfen dir Texterschließungsaufgaben, rasch einen ersten Ein- und Überblick zu erhalten.
3. **Übersetzungsfragen:** Für die Detailübersetzung gibt es zur Wiederholung und Vertiefung der Grammatik und des Wortschatzes Aufgaben, die begleitend erledigt werden können. Das kann zu Hause oder während des Unterrichts in freien Arbeitsphasen geschehen. Dein Lehrer gibt dir sicher Tipps, welche Aufgaben für dich geeignet oder wichtig sind. Was und wie viel übersetzt werden soll, entscheidet dein Lehrer.
4. **Interpretation:** Die Interpretationsaufgaben dienen dazu, den Text besser zu verstehen, zu überlegen, ob die Themen heute noch aktuell sind, und die oben angesprochenen Rhetorikkenntnisse zu erlangen. Anwendungsaufgaben ermöglichen sofort die Erprobung dieser neuen Kenntnisse.

Sammelfolien: Damit du bei der Arbeit den Überblick nicht verlierst, gibt es Sammelfolien, die herausgenommen werden können und begleitend – zum Beispiel nach jedem Kapitel – ausgefüllt werden sollten.

Kompetenz-Checkpoints In Puncto: Hiermit kannst du deinen Lernfortschritt überprüfen und dir selbst neue Aufgaben vornehmen, um am Ende den größten Lernerfolg zu haben. Bei sorgfältiger Auswahl und Bearbeitung der Aufgaben eines Kapitels ist es sehr gut möglich, die Texte völlig selbstständig zu erarbeiten.

Wir wünschen dir viel Erfolg und würden uns freuen, wenn du entdeckst, wie viel Spaß es machen kann, einen lateinischen Text zu entschlüsseln.

Cicero gegen Verres – Vor dem Prozess

70 v. Chr. in Rom: Cicero – 35 Jahre jung und ein ehrgeiziger Redner – hatte vor neun Jahren seinen letzten großen öffentlichen Auftritt. Damals verteidigte er das Opfer einer politischen Intrige erfolgreich gegen einen Günstling des mächtigen und grausamen Diktators Sulla.

Nun sitzt er eher gelangweilt in seinem Haus in Rom. Hochbegabt und hochgebildet galt er schon in der Schule als Wunderkind, hatte bereits mit Anfang 20 ein Lehrbuch der Rhetorik verfasst, sich mit den modernsten griechischen Philosophen auseinandergesetzt und mit 30 Jahren war er – ein sogenannter homo novus – als erster Spross seiner Familie zum Senator aufgestiegen.

Cicero – hochbegabt und hochgebildet – galt schon in der Schule als Wunderkind

Die letzten vier Jahre sind für ihn ereignislos verlaufen. Es gibt zwar viel Arbeit für ihn als Anwalt – tagtäglich machen ihm die Klienten ihre Aufwartung – und Cicero weist keinen zurück, denn wer weiß, wozu das nützlich sein kann. Ein Prozess von Bedeutung aber ist nicht in Sicht. Keiner in Rom spricht mehr über ihn, nicht über seine Redekunst und nicht über seine tadellose Amtsführung als Quästor in der Provinz Sizilien – obwohl das für einen Römer selten war.

Cicero sieht keine Perspektive für sich: Wie soll er Konsul werden? Zwar ist er, der aus einer kaum bekannten Familie vom Land kommt, als Quästor – dem niedrigsten Amt des cursus honorum – in den Senat aufgestiegen, doch die mächtigen Adelsfamilien nehmen ihn, den kleinen Mann aus Arpinum, gar nicht wahr. Cicero ist frustriert.

Plötzlich klopft es an der Tür. Gesandte aus der Provinz Sizilien stehen vor ihm. Sie bitten: „Cicero, hilf uns gegen Verres!“

Cicero, hilf uns gegen Verres!

Vor zwei Jahren gab es einen kleinen Skandal in Rom: Sthenius, ein angesehener und reicher Grieche aus Sizilien, war plötzlich in Rom bei seinen senatorischen Freunden erschienen. Er hatte sich über Verres, den Provinzstatthalter, beschwert, da dieser ihn mithilfe von Rechtsbeugung um sein Eigentum bringen wollte. Sthenius hatte mächtige Freunde, der Fall kam vor den Senat und beinahe wäre es zu einem Senatsbeschluss gegen den Statthalter Verres gekommen. Im letzten Moment allerdings hatte Verres´ Vater, ebenfalls Senator, seinen ganzen Einfluss geltend gemacht. Die Sache war eingeschlafen und Sthenius dafür auf Sizilien von Verres verurteilt und um sein Vermögen gebracht worden.

Drei Jahre lang hat Verres – geschützt durch die Beziehungen seines Vaters – nun auf Sizilien geherrscht. Eine Ablösung hätte eigentlich schon nach einem Jahr erfolgen müssen, doch der Sklavenkrieg in Süditalien hatte dies unmöglich gemacht.

Jetzt aber ist Verres zurück in Rom. Gerüchte besagen, dass er Unmengen an Geld, Kunst und anderen Wertgegenständen aus der Provinz mitgebracht hat. Die Vertreter der sizilischen Gemeinden bitten Cicero daher darum, sie als Ankläger bei einem Schadensersatzprozess gegen Verres zu vertreten. Dieser habe, sagen sie, die Provinz drei Jahre lang widerrechtlich ausgeplündert. Sie wollen ihn in einem Repetundenprozess anklagen.

Cicero ist bisher nur als Verteidiger aufgetreten. Das war taktisch klug, denn ein Verteidiger hilft den Schwachen und bekämpft das Unrecht. Jetzt aber soll er jemanden anklagen? Und nicht irgendwen, sondern einen Vertreter der mächtigen Senatorenaristokratie?

Gerüchte über Verres – Unmengen an Geld

I1 Cicero gegen Verres?

Erörtere, was aus Ciceros Sicht für und was gegen eine Übernahme der Anklage im Verres-Prozess spricht.

Römisches Gerichtswesen

Der römische Gerichtsprozess entspricht weitgehend modernen Standards: Die Verhandlung erfolgt mündlich und öffentlich auf dem Forum. Ankläger und Verteidiger wechseln sich mit ihren Plädoyers und Stellungnahmen ab. Das Urteil treffen die iudices, die jeweils für diesen Prozess – ähnlich den heutigen Geschworenen – aus einem Richter"pool" ausgelost werden. Es gibt feste Regeln für den Verfahrensablauf, die Entscheidung wird an den Gesetzen und der Beurteilung der Sachlage ausgerichtet. Die Leitung des Verfahrens (Terminsetzung, Leitung der mündlichen Verhandlung) liegt beim praetor. Im Unterschied zu heute gab es keinen Staatsanwalt. Der Kläger musste selbst einen Ankläger finden. Ankläger und Verteidiger treten vor Gericht als patronus für die jeweilige Partei auf. Ihre Kompetenz beruht auf der Schulung als Redner und auf Erfahrungswissen. Viele Gerichtsverhandlungen sind ein großes Schauspiel für die Bevölkerung Roms. Plinius berichtet, dass bei einem seiner Prozesse nicht nur eine große Menge an Zuschauern das Richterkollegium in einem riesigem Kreis umgab, sondern dass auch die Emporen im oberen Bereich voller Frauen und Männer waren, die die Köpfe reckten, um zu sehen und zu verstehen, was unten vorging. Vermutlich fand auch der Verres-Prozess unter ähnlichen Bedingungen statt. Zur Vorbereitung hatte Cicero eine Frist von 110 Tagen. Davon verbrachte er 50 auf Sizilien mit der Suche nach Zeugen und dem Sammeln von Sachbeweisen. Den Rest verwendete er auf die Gestaltung der Anklagerede. Der Prozess selbst begann dann am 5. August 70 v. Chr.

I1 Stell dir vor, im Oktober des Jahres 70 v. Chr. gäbe es bereits Zeitungen. Der Verres-Prozess ist ein sensationelles Thema und dein Chef gibt dir – seinem besten Reporter – die Aufgabe, einen Artikel für die Zeitung zu verfassen. Aber: Verschiedene Zeitungen – verschiedene Meinungen! Wähle aus den fünf vorgegebenen Schlagzeilen eine aus, recherchiere dazu (z. B. in einem Internetlexikon unter Stichworten wie Nobilität, Prokonsul und comitia) und verfasse anschließend deinen Artikel. Thematisiere am Ende deine Erwartungen zum Prozessverlauf.
In dem Kasten unten kannst du dazu erste Gedanken und Stichworte notieren.

ACTA DIVRNA ROMANA

1) JUNGER ANWALT GEGEN DIE SENATOREN

2) SCHON WIEDER EIN REPETUNDENPROZESS: WER SCHÜTZT EIGENTLICH UNSERE SENATOREN?

3) SIZILIEN IST KEIN EINZELFALL: DIE SCHWÄCHEN UNSERER PROVINZIALVERWALTUNG

4) VERRES, VATER UND SOHN – AUFSTIEG EINER MODERNEN FAMILIE

5) KRIEGSGEFAHR IM OSTEN, DOCH VERRES HÄLT RUHE IN UNSERER PROVINZ SIZILIEN

- Gaius Verres
- Sertorius
- Kilikische Seeräuber

I2 Vergleiche den Verres-Prozess mit einem modernen Prozess.

Rhetorik - Was ist das?

I1 Auf den Kopf gestellt

Cicero muss, wenn er die Anklage übernimmt, eine lange und überzeugende Rede halten.

Mache dazu folgendes Gedankenspiel: Du sollst selbst eine Rede oder ein Referat vor einem größeren Publikum halten. Was müsstest du tun, damit man noch nach Jahren sagt: „Weißt du noch, damals? Diese Rede von ..., die war dermaßen gruselig, weil ...". Kurz gesagt: Was müsste man tun, damit diese Rede richtig misslingt?

Schreibe deine Ideen jeweils auf eine Karte und stelle diese im Plenum vor.

Rhetorik in Rom

Gute Reden zu halten ist das Hauptgeschäft vieler Angehöriger der führenden politischen Klasse in Rom. Die Ausbildung der jungen Männer hat hier ihren Schwerpunkt. Wer etwas auf sich hält, studiert sogar in Griechenland. Über Jahre lesen und lernen Schüler ganze Passagen lateinischer und griechischer Autoren auswendig. Viel Wert wird dabei nicht nur auf den Inhalt, sondern auch auf einen exquisiten sprachlichen Ausdruck sowie auf eine gute Präsentation der Rede gelegt. Man muss die Menschen durch den persönlichen Redeauftritt überzeugen, denn es gibt ja weder Medien noch Lautsprecher. Der griechische Redner Demosthenes trainierte seine Stimme deshalb am Strand, indem er gegen die Brandung sprach oder mit Kieselsteinen im Mund die Aussprache übte.

I2 Bestseller 2.0

Zum Thema „Redekunst" gibt es auf dem aktuellen Buchmarkt zahlreiche Titel.

a) Nenne mögliche Gründe für das Interesse an diesem Thema.

b) Beschreibe die Gemeinsamkeiten der aufgelisteten Titel.

c) Nenne Situationen, in denen Rhetorikkenntnisse nützlich sind.

d) Beurteile, inwiefern Rhetorik auch schädlich sein kann.

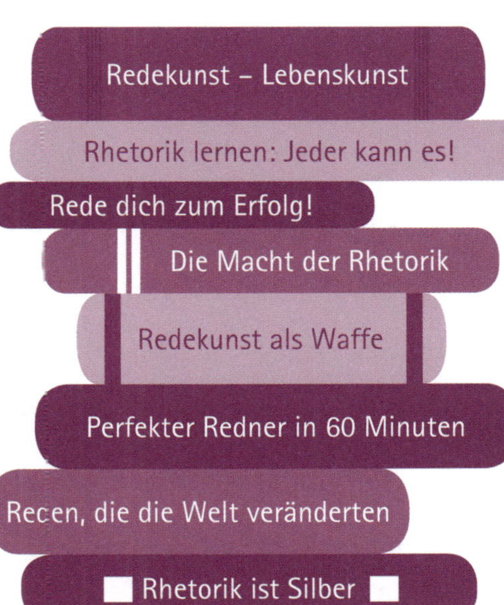

Text 1 Exordium

T1 Du sollst auf einer Familienfeier/Abiturfeier/Konfirmation ... eine Rede halten. Formuliere und erläutere deine Erwartungen an eine gelungene Einleitung für diese Rede. Sammle Elemente, die deiner Meinung nach Bestandteil dieser Einleitung sein sollten.

Am 5. August 70 v. Chr. ist es endlich so weit: Cicero hält seine 1. Anklagerede gegen Verres in dem Prozess crimen pecuniarum repetundarum – vor einem Gericht bestehend aus etwa 20 iudices. Alle sind Senatsmitglieder, darunter auch ehemalige Konsuln.

Quod erat optandum maxime, iudices, et quod unum ad invidiam vestri ordinis infamiamque iudiciorum sedandam maxime pertinebat, id non humano consilio, sed prope divinitus datum atque oblatum vobis summo rei publicae tempore videtur. Inveteravit enim iam opinio perniciosa rei publicae vobisque periculosa, quae non modo apud nos, sed etiam apud exteras nationes omnium sermone percrebruit: his iudiciis, quae nunc sunt, pecuniosum hominem, quamvis sit nocens, neminem posse damnari.

Nunc, in ipso discrimine ordinis iudiciorumque vestrorum, cum sint parati, qui contionibus et legibus hanc invidiam senatus inflammare conentur, reus in iudicium adductus est C. Verres, homo vita atque factis omnium iam opinione damnatus, pecuniae magnitudine sua spe et praedicatione absolutus.

Huic ego causae, iudices, cum summa voluntate et expectatione populi Romani, actor accessi, non ut augerem invidiam ordinis, sed ut infamiae communi succurrerem.

Adduxi enim hominem, in quo reconciliare

Was am meisten zu wünschen war, ihr Richter, und was allein dazu diente ________ ________ und den schlechten Ruf ________ in höchstem Maße zu beruhigen, dies scheint euch nicht durch ________ Plan, sondern beinahe göttlich gegeben und angeboten zu sein – in ________ ________. Festgesetzt hat sich nämlich die für den Staat ________ Auffassung, und für euch ________ Auffassung, die sich nicht nur bei uns, sondern auch bei ________ durch ________ verbreitet hat: dass durch diese Gerichte, die es jetzt gibt, kein ________ Mann, egal wie schädlich er auch ist, verurteilt werden kann. Nun, genau in der kritischen Lage für ________ und ________, wo Leute bereit sind, durch Volksversammlungen und Gesetzesanträge zu versuchen diese Unzufriedenheit mit dem Senat anzustacheln, ist als Angeklagter C. Verres vor Gericht gestellt worden, ein Mann, der durch ________ und ________ schon nach Meinung aller ________, durch ________ ________, wie er hofft und prahlt, schon freigesprochen ist. In diesem Prozess, ihr Richter, habe ich, mit ________ und unter höchster Erwartung des römischen Volkes, die Anklage übernommen, nicht um ________ ________, sondern um dem allgemein üblen Ruf abzuhelfen. Ich habe nämlich einen Menschen vor Gericht gebracht, bei dem ihr ________ ________ der Gerichte

existimationem iudiciorum amissam, redire in gratiam cum populo Romano, satis facere exteris nationibus possetis; depeculatorem aerarii, vexatorem Asiae atque Pamphyliae, praedonem iuris urbani, labem atque perniciem provinciae Siciliae. De quo si vos vere ac religiose iudicaveritis, auctoritas ea, quae in vobis remanere debet, haerebit; sin istius ingentes divitiae iudiciorum religionem veritatemque perfregerint, ego hoc tam assequar, ut iudicium potius rei publicae, quam aut reus iudicibus aut accusator reo defuisse videatur.

wiederherstellen, ____________ ____________ römisch___ Volk___ zurückkehren und auswärtige Völker zufriedenstellen könnt; den ____________ der Staatskasse, den ____________ Asiens und Pamphyliens, den ____________ des Stadtrechts, den Untergang und das Verderben der Provinz Sizilien. Wenn ihr über diesen ____________ urteilt, wird dieses Ansehen, das bei euch bleiben muss, bestehen bleiben; wenn aber ____________ das Ansehen und die Wahrheitssuche der Gerichte gebrochen haben, werde ich dies so erreichen, dass es so aussieht, als habe eher ein Gerichtshof dem Staat, als den Richtern ein Angeklagter oder dem Angeklagten ein Ankläger gefehlt.

T2 a) Erschließe den Text, indem du ihn mehrmals – möglichst laut wie Cicero – liest. Ergänze dann mithilfe eines Wörterbuchs die fehlenden Begriffe in der Übersetzung. Überlege jeweils genau, welche Übersetzung im Kontext am besten passt.

b) Fasse den Text Satz für Satz zusammen und gib die Argumente Ciceros mit eigenen Worten wieder. Formuliere das Thema der Einleitung.

Ü1 Sachfeldexperten

Erstelle auf der Grundlage der lateinischen Texte ein Sachfeld zu einem der folgenden Begriffe und entwickle dazu Aufgaben für deine Mitschüler. Führe diese Übung während der gesamten Lektüre (zusammen mit einem Partner oder in einer Gruppe) fort.

Gericht / Gerichtswesen | Meinung / Wertschätzung | Religion

Diebstahl / Zerstörung | Leid / Qualen | Verbrechen

Gefahr / Not | Staat / Politik | Reichtum / Geld | ...

Ü2 Monosemieren

Das Übersetzen dieses Textabschnitts ist unter anderem deswegen schwierig, weil sich viele lateinische Wörter nicht 1:1 übersetzen lassen. Finde eine passende Übersetzung für folgende Formulierungen.

invidia vestri ordinis	Neid auf euren Stand? Eifersucht auf den Senat?
summo rei publicae tempore	
omnium sermone	
cum summa voluntate populi	

Ü3 Pronomina

Im Publikum stehen einige sehr interessierte Zuhörer. Sie heißen Nominativ Singular, Ablativ Singular usw. Sie tragen Buttons mit ihren „Namen".
Leider ist im Regen die Aufschrift abgewaschen worden. Ordne zu.

id – hic – iste – id, quod – qui (!) – ii, qui – istius – ea, quae (!) – quae nunc sunt – ipsi Lampsaceni hoc (!) – in quo – opinio, quae – ab eo – pro se – a Rubrio ipso – in ipso discrimine – hominem, in quo

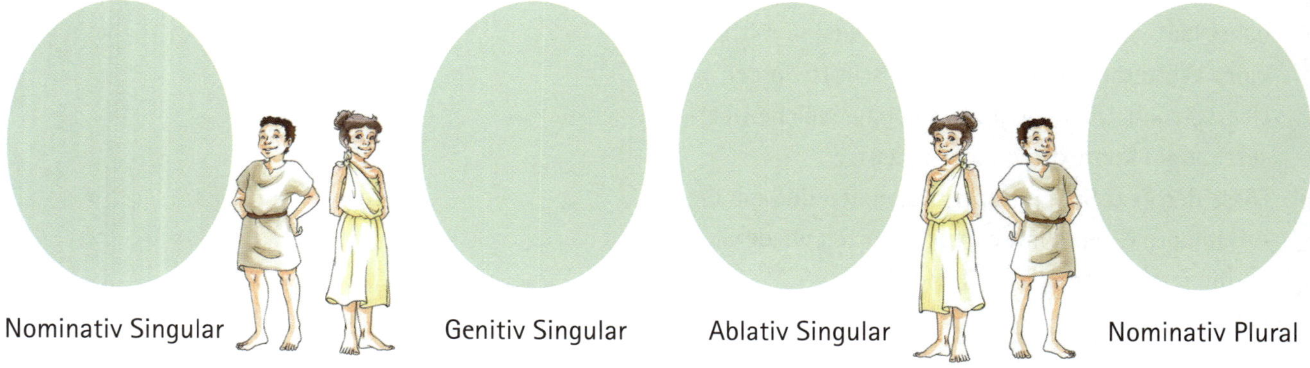

Eröffnung einer Rede

Die Einleitung einer Rede heißt exordium oder principium. Der Redner nimmt Kontakt mit dem Publikum auf. Ein wichtiges Element einer Einleitung ist die sog. captatio benevolentiae, d.h. die Zuhörer sollen wohlwollend gestimmt werden. In einem antiken Lehrbuch der Rhetorik (*Auctor ad Herennium I 8*) findet man vier Vorschläge, wie man dabei vorgehen kann:

1. Die eigene Person (Selbstlob): Man wirbt um Sympathie, indem man darstellt, aus welchen Motiven man den Fall übernommen hat. Im Verteidigungsfall stellt man es z. B. als officium dar, einem Freund zu helfen. Im Falle einer Anklage kann man zeigen, dass man aus gerechter Empörung über das Fehlverhalten und die Taten des Delinquenten gezwungen war, den Fall zu übernehmen.
2. Die Person des Gegners (Attackieren des Gegners): Man erregt bei den Zuhörern Hass und Verachtung für den Gegner.
3. Die Zuhörer: Man lobt die Richter als bewährte Männer, die schon oft richtig geurteilt haben, oder man erinnert sie an ihre Pflicht, sich von Recht und Gesetz leiten zu lassen. Es kann auch die Urteilsfähigkeit des Publikums gelobt werden.

4. Der Sachverhalt: Man kann die eigene Sache in ein möglichst gutes Licht rücken und die gegnerische möglichst schlecht aussehen lassen. In beiden Fällen kann auf mögliche Konsequenzen hingewiesen werden.

I1 Ausgangslage des Prozesses

Untersuche die Aussagen Ciceros zu den einzelnen Positionen im Text und notiere die lateinischen Stellen in den Kästen.

Cicero und sein Auftrag

Senat

Römischer Staat

Richter

Lage des Staates

Verres

I2 Ciceros großer Auftritt – eine gelungene Eröffnung?

a) Vor der Bearbeitung des Textes (→ T1, S. 8) hast du Vermutungen angestellt, wie man eine Rede beginnen könnte. Versetze dich nun in die Rolle eines Richters. Notiere deine Gedanken.

b) Lies dir den lateinischen Text nochmals durch und diskutiere, ob es sich hier um eine gelungene captatio benevolentiae Ciceros (→ Infokasten S. 10) handelt.

I3 Cicero 2.0

Überprüfe, ob Ciceros Strategie für den Beginn seiner Rede heute tragfähig wäre. Überlege dir Situationen in der Schule, wo man eine kurze Ansprache oder Diskussion ähnlich beginnen könnte (z. B. schlechte Noten, eine Exkursion nach Rom, Hitzefrei). Notiere die ersten fünf Sätze im Wortlaut und trage sie vor.

Text 2 Verres

Cicero kommt nun auf das Charakterbild des Verres zu sprechen. Da er aber noch einiges zur Sachlage sagen will, möchte er nicht zu viel Zeit dafür aufwenden. Er beginnt daher mit folgenden Worten:

Itaque primum illum actum istius vitae turpissimum et flagitiosissimum praetermittam. Nihil a me de pueritiae suae flagitiis audiet, nihil ex illa impura adulescentia sua; quae qualis fuerit, aut meministis aut ex eo, quem sui simillimum produxit, recognoscere potestis. Omnia praeteribo, quae mihi turpia dictu videbuntur, neque solum, quid istum audire, verum etiam quid me deceat dicere, considerabo. Vos, quaeso, date hoc et concedite pudori meo, ut aliquam partem de istius impudentia reticere possim. Omne illud tempus, quod fuit, antequam iste ad magistratus remque publicam accessit, habeat per me solutum ac liberum. Sileatur de nocturnis eius bacchationibus ac vigiliis; lenonum, aleatorum, perductorum nulla mentio fiat; damna, dedecora, quae res patris eius, aetas ipsius pertulit, praetereantur; lucretur indicia veteris infamiae; patiatur eius vita reliqua me hanc tantam iacturam criminum facere. Quaestor Cn. Papirio consuli fuisti abhinc annos quattuordecim. Ex ea die ad hanc diem, quae fecisti, in iudicium voco: hora nulla vacua a furto, scelere, crudelitate, flagitio reperietur. Hi sunt anni consumpti in quaestura et legatione Asiatica et praetura urbana et praetura Siciliensi.

istius *(gemeint ist Verres)* • quae qualis fuerit...potestis (Z. 3-4) Wie diese (Jugendzeit) beschaffen war, daran erinnert ihr euch entweder oder ihr könnt es an seinem Sohn sehen, den er zu seinem Ebenbild gemacht hat. • Omnia, quae alles, was *n Pl.* • turpia dictu zu hässlich, um es auszusprechen • neque solum...considerabo (Z. 5-6) und ich werde (dabei) nicht nur das bedenken, was dieser da hören sollte, sondern auch, was ich eigentlich sagen müsste • date hoc gestattet mir dieses • impudentia 📖 • reticēre = tacēre • antequam = priusquam • magistratus, ūs *m* Magistratur, politisches Amt • habere *(hier mit präd. Bestimmung)* etwas für etwas halten, als etwas ansehen • solutus straflos • silēre 📖 • bacchatio 📖 • vigiliae, arum *f Pl.* durchwachte Nächte • leno 📖 • aleator 📖 • perductor 📖 • mentio Erwähnung • fiat *Konj. Präs. von fieri* • dedecus, oris *n* Entehrung, Ehrlosigkeit • quae res patris eius, aetas ipsius pertulit die das väterliche Vermögen, die seine Jugendkraft selbst erlitt • lucretur es soll (ihm) erspart werden... • patiatur *hier mit AcI* (me... facere) • tanta iactura criminum ein solches Übergehen der Anschuldigungen • abhinc annos quattuordecim vor 14 Jahren • <ea>, quae fecisti das, was... *n Pl.* • in iudicium vocare vor Gericht bringen • vacuus a *m. Abl.* frei von • quaestura - legatio - praetura *Verres' Ämter*

T1 Verres stand vermutlich im ganzen Prunk seines Standes vor Gericht: Gut und vor allem teuer frisierte Haare und äußerst gepflegt rasiert. Er trug die Toga mit den Purpurstreifen der Senatoren, ein glänzendes Prunkgewand, das von solcher Sauberkeit war, wie es sich gewöhnliche cives Romani nie leisten konnten. Verres wird, als Angehöriger der Oberschicht, auch körperlich gesund gewesen sein, da er nie an Mangelernährung litt und ihm immer ein Arzt und medizinische Versorgung zur Verfügung standen. Sein Benehmen konnte sehr vornehm, seine Sprache sehr höflich und gebildet sein, denn das gehörte zu seiner Schulbildung (→ Infokasten S. 7) . Cicero stand also einer sehr stattlichen, würdevollen Erscheinung im Bewusstsein ihres Geldes, ihrer Macht und ihrer guten Beziehungen zu den anderen Senatoren gegenüber.

a) Die Darstellung des Angeklagten als Person gehört zu den Standards der Anklage. Erläutere, welche Möglichkeiten Cicero hätte, diesen Menschen vor Gericht charakterlich darzustellen.

b) Lass dir den Text von Zeile 1 bis 8 laut und deutlich vorlesen, ruhig mehrmals. Markiere auffällige Wörter und sprachliche Wendungen und begründe deine Auswahl. Fasse anschließend den Textinhalt der Z. 1–8 mit eigenen Worten zusammen.

c) Gliedere den Text von Z. 8–18 zunächst im Hinblick auf die angesprochenen Personen in zwei Teile.

d) Markiere in Z. 8–18 die Stellen, an denen die Grundgedanken von Z. 1–8 wieder aufgegriffen werden.

Ü1 Vokabeln erschließen

praetermittere/praeterire = praeter (vorüber, vorbei) + mittere/ire ______________________

pueritia – darin steckt __________, das ist die Lebenszeit ______________________

im-purus – das Präfix in-/im- entspricht dem deutschen Präfix un- ______________________

adulescentia – in der Pädagogik spricht man von der Zeit der Adoleszenz ______________________

concedere – Was ist eine Konzession? ______________________

silere – E: silence ______________________

qualis – die Qualität eines Produktes sagt aus, ______________________

bacchationes – der Gott Bacchus ist der Gott des ______________________

consumere – der Konsum ist der ______________________

urbanus – E: urban lifestyle ______________________

Ü2 Tempus und Modus

Sortiere die Verbformen und erkläre deren häufige Verwendung im Text. Gib dabei auch die Person, das Genus verbi (Aktiv/Passiv) und die Bedeutung des Infinitivs an.
Achtung: Eine Form ist ein Irrläufer!
praetereantur – crudelitate – praetermittam (!) – sileatur – praeteribo – videbuntur – considerabo – possim – audiet – concedite – date – habeat – patiatur – reperietur

Ü3 Kasuslehre/Hyperbaton

Erkenne beim Übersetzen die durch KNG bestimmten Bezüge der Wörter und erkläre dann die Fehler im Übersetzungsvorschlag.

de pueritiae suae flagitiis	von der Kindheit seiner Schandtaten
concedite pudori meo	gewährt es mir und der Schamhaftigkeit
aliquam partem de istius impudentia	irgendein Teil von diesem ist Schamlosigkeit
res patris eius	die Sache des Vaters ist seine
hora nulla vacua a furto	die Stunde Null ist frei von Diebstahl

I1 Die Beschreibung des Verres

Untersuche mithilfe deiner Wortschatzkompetenz Ciceros Aussagen genauer.

Cicero benutzt zur Charakterisierung von Verres 20 Begriffe (Substantive, Adjektive, z. T. auch Verben). Zeichne ein Bild des Verres aus Wörtern. Führe die Aufgabe bei den kommenden Texten fort.

praetermittam, nihil audiet, aliquam partem reticere possim – Suche weitere passende Ausdrücke aus dem Text. Erkläre die Verwendung des Sachfelds.

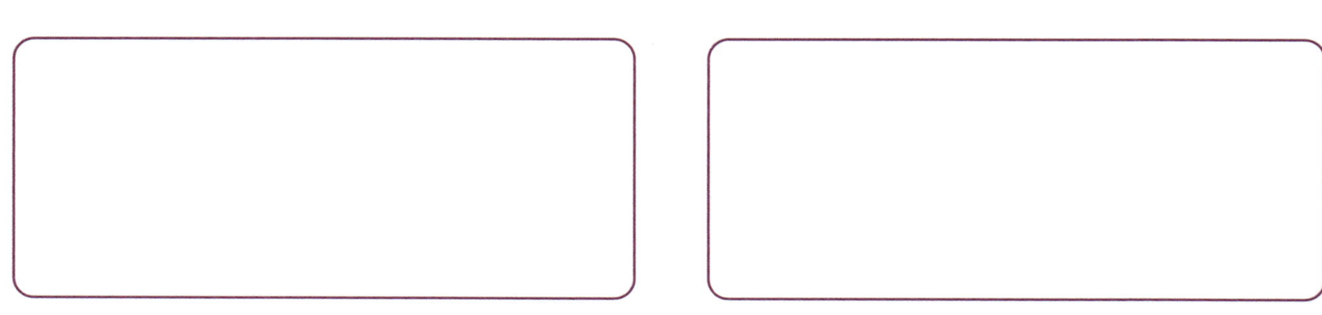

I2 Gedankenexperiment: Verres wehrt sich – aber mit Erfolg?

a) Überlege, was Verres (oder sein Verteidiger Hortensius) Cicero nach diesem Vortrag antworten könnte.

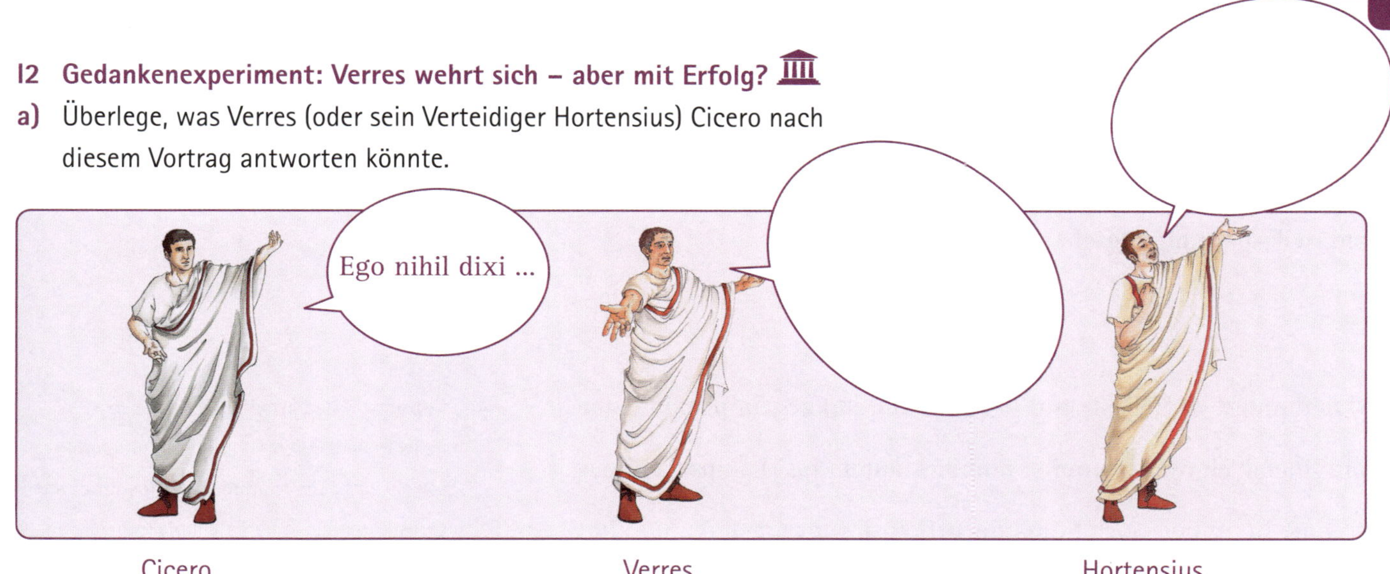

Cicero Verres Hortensius

I3 Techniken des erfolgreichen Redners

a) Ciceros rhetorische Strategie nennt man praeteritio. Erkläre diese Strategie anhand folgender Aspekte: Welche Elemente erzeugen eine praeteritio? Wie wird die Neugier und Aufmerksamkeit des Zuhörers wachgehalten?

b) Cicero unterstützt seine Argumente durch viele Stilmittel, z. B. actum turpissimum et flagitiosissimum (Z. 1). Suche weitere Beispiele und notiere diese auf der Sammelfolie Stilmittel.

I4 praeteritio – ein (un)fairer Redetrick?

Erläutere die Anwendungsbereiche und Missbrauchsmöglichkeiten einer praeteritio in der heutigen Zeit. Verfasse selbst eine praeteritio.

Cicero stellt in diesem Redeteil nur Behauptungen auf. Ein Kritiker könnte sagen, er habe seine Hausaufgaben als Redner nicht richtig erledigt. Zu den wichtigsten Aufgaben für eine Prozessrede gehören nämlich die inventio und die narratio (→ Infokasten S. 17). Stimmst du der Kritik zu? Begründe.

Arbeitsschritte des Redners (officia oratoris)

1. **inventio**: Stoffsammlung
2. **dispositio**: Stoffgliederung
3. **elocutio**: Stilistische Ausarbeitung
4. **memoria**: Auswendiglernen
5. **actio (pronuntiatio)**: Vortrag

Text 3 Philodamos aus Lampsakos I

Cicero berichtet von einem Ereignis aus Verres´ Zeit als Legat in Kilikien. Durch langes Drängen hatte dieser erreicht, dass er von seinem Vorgesetzten, dem Proquaestor Dolabella, auf eine Reise nach Bithynien und Thrakien geschickt wurde. Während dieser Reise sei in Lampsakos (Lampsacum) am Hellespont dies geschehen:

Oppidum est in Hellesponto Lampsacum, iudices, in primis Asiae provinciae clarum et nobile; homines autem ipsi Lampsaceni cum summe in omnes cives Romanos officiosi, tum praeterea maxime sedati et quieti, prope praeter ceteros ad summum Graecorum otium potius quam ad ullam vim aut tumultum accommodati. Accidit, ut [iste] illo itinere veniret Lampsacum cum magna calamitate et prope pernicie civitatis. Deducitur iste ad Ianitorem quendam hospitem, comitesque eius item apud ceteros hospites collocantur. Ut mos erat istius, atque ut eum suae libidines flagitiosae facere admonebant, statim negotium dat illis suis comitibus, nequissimis turpissimisque hominibus, ut videant et investigent, ecqua virgo sit aut mulier digna, quam ob rem ipse Lampsaci diutius commemoraretur.

in primis Asiae provinciae besonders in der Provinz Asien • cum...tum praeterea sowohl...als auch • summe officiosi in omnes cives Romanos in höchstem Maße zuvorkommend gegenüber allen römischen Bürgern • sedatus gelassen • prope praeter ceteros fast mehr als die anderen • summum Graecorum otium höchste griechische Ruhe • potius... quam eher...als • accomodati ad geneigt zu • tumultus 🕮 • iste = Verres • Ianitor *(ein Einwohner von Lampsakos)* • quidam, quaedam, quoddam ein gewisser • ut mos erat istius, atque ut eum suae libidines flagitiosae facere admonebant wie es dessen Art war und wie ihn seine schändlichen Gelüste zwangen • nequissimus nichtsnutzig • ecqua ob etwa irgendeine • digna, quam ob rem so würdig, dass er ihretwegen • Lampsaci in Lampsakos • commemorari sich aufhalten, bleiben

Is ad eum rem istam defert Philodamum esse quendam, genere, honore, copiis, existimatione facile principem Lampsacenorum; eius esse filiam, quae cum patre habitaret, propterea quod virum non haberet, mulierem eximia pulchritudine; sed eam summa integritate pudicitiaque existimari.

Dieser *(Rubrius, Verres´ Helfer)* berichtet ihm *(Verres)* diese Sache wie folgt: Es gebe einen gewissen Philodamus, durch ________________, ________________, ________________, ________________ sicher der Erste der Lampsakener. Dieser habe eine Tochter, die beim Vater wohne, weil ________________ ________________, eine ________________ ________________ Frau. Aber man halte sie für äußerst zurückhaltend und schamhaft.

Homo, ut haec audivit, sic exarsit ad id, quod non modo ipse numquam viderat, sed ne audierat quidem ab eo, qui ipse vidisset, ut statim ad Philodamum migrare se diceret velle.

Als der Mensch dies hörte, ________________ so für etwas, was er nicht nur selbst noch niemals gesehen hatte, sondern noch nicht einmal von jemandem gehört hatte, der es selbst gesehen hatte, dass er sagte, er wolle sofort ________________.

Narratio

Der Hauptteil einer Rede, die narratio, dient der Beweisführung, dem wichtigsten Teil in einem Strafprozess. Der Redner dokumentiert hier in lebhafter Schilderung die Straftaten des Angeklagten. Dazu bietet er eine Vielzahl von Beweisen an, verwendet aber auch andere Techniken der Überzeugung.

T1 Ein wichtiges Mittel, um die Richter vom Fehlverhalten der Angeklagten zu überzeugen, ist die genaue Charakterisierung der Personen.

a) Stelle Begriffe und Wortgruppen (mit Zeilenangabe) zusammen, die Cicero verwendet, um die Personen und ihr Verhalten zu bewerten. Eine Person fehlt noch. Ergänze diese unten im letzten Kasten.

b) Untersuche anhand deiner Textstellen die verschiedenen Charakterisierungen Ciceros und interpretiere deine Beobachtungen.

(Z. 1–5) Lampsaceni und ihre Stadt Lampsacum

(Z. 5–12) iste et comites

(Z. 13–18) Philodamum (esse quendam) ...

... eius esse

T2 Die Einrückmethode

Wenn du lange und komplizierte Satzgefüge (Hypotaxen) übersetzen musst, ist es oft hilfreich, sie vor dem Übersetzen nach der „Einrückmethode" darzustellen. Isoliere dazu im Ausschlussverfahren Haupt- und Nebensätze. Alle Teile eines Hauptsatzes beginnen am linken Rand, die Nebensätze werden eingerückt. Nebensätze in Nebensätzen werden weiter eingerückt. Übersetze dann zunächst den Hauptsatz, baue danach Teilsatz für Teilsatz ein. Wende diese Einrückmethode für Z. 8–12 an.

Avers einer Bronzemünze mit Januskopf (2. Jh. v. Chr.)

Ü1 Übersetzungen vergleichen

Vergleiche die drei Übersetzungen. Kreuze an und begründe: Welche Übersetzung hätte Cicero gewählt, welche würdest du heute wählen, um die Aufmerksamkeit des Publikums zu gewinnen? Probiere weitere eigene Varianten aus.

Latein	Übersetzung	
Oppidum est in Hellesponto Lampsacum...	Es war einmal am Hellespont eine Stadt – Lampsakos	☐
	Die Stadt Lampsakos liegt am Hellespont	☐
	Es gibt da eine Stadt am Hellespont – Lampsakos	☐

Ü2 Steigerung

Es gibt unterschiedliche Möglichkeiten, Eigenschaften sprachlich hervorzuheben, z. B. mit dem Superlativ/Elativ oder durch den Zusatz von Adjektiven/Adverbien.

a) Übersetze die vier Wendungen in der Tabelle treffend.

b) Kreuze in der Tabelle unten an, wer jeweils gemeint ist: Verres und sein Gefolge oder die Einwohner von Lampsakos?

c) Deute dein Ergebnis im Hinblick auf die Textaussage.

	Übersetzung	Lampsaceni	Verres et comites
maxime sedati et quieti			
ad summum otium accommodati			
nequissimis turpissimisque hominibus			
mulier eximia pulchritudine			

Ü3 ut und seine Übersetzungsmöglichkeiten

Übersetze mündlich und kreuze an, was ut jeweils heißt.

	wie	als	dass, damit	(so) dass
Accidit, ut illo itinere veniret Lampsacum ...				
Ut mos erat istius ...				
Homo, ut haec audivit, sic exarsit ...				
Homo sic exarsit, ut statim ad Philodamum se velle migrare diceret.				

I1 Spannung erzeugen

In der Antike gab es weder Fernsehen noch Internet. Daher ging man zur Unterhaltung unter anderem aufs Forum oder in die Basilica, um sich Reden anzuhören oder Gerichtsprozesse anzuschauen.

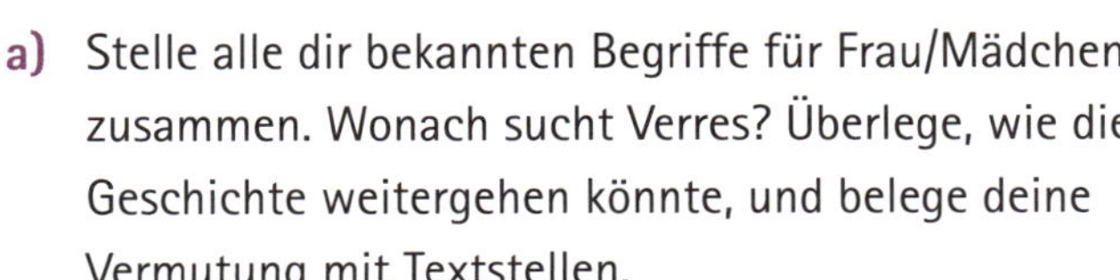

a) Stelle alle dir bekannten Begriffe für Frau/Mädchen zusammen. Wonach sucht Verres? Überlege, wie die Geschichte weitergehen könnte, und belege deine Vermutung mit Textstellen.

b) Trage für diesen ersten Teil der Erzählung in das **linke** Textfeld eine Spannungskurve ein und beschrifte sie mit Textzitaten.

I2 Ursachen des Konfliktes 

Wähle aus, um welche Art von Konflikt es sich handelt und worin die Ursachen liegen. Begründe deine Antwort (→Infokasten unten).

Konflikt: privater Konflikt, öffentlicher Konflikt, politischer Konflikt ...

Ursache: Selbstsucht, Sexsucht, Verletzung des Gastrechts, Habsucht ...

Hospes und Hospitium

In der Antike gab es für Angehörige der Oberschicht keine Hotels oder Pensionen. Man hatte entweder eigene Villen außerhalb Roms oder wohnte bei Freunden. Das Gastverhältnis beruhte dabei auf Gegenseitigkeit und hatte religiöse Dimensionen. Die Mitglieder der römischen Provinzialverwaltung wohnten in der Regel als Gastfreunde bei den örtlichen Honoratioren. Der Gastgeber unterstützte seine Gäste dabei in Rechtssachen und Geschäften. Deshalb war der Gast seinem Gastgeber gegenüber zu Dank verpflichtet. Nicht selten nutzten die Provinzialen die Beherbergung von Römern, insbesondere wenn sie zum Gefolge des Statthalters gehörten, zum eigenen Vorteil, um z. B. einen Fürsprecher im Senat zu erhalten.

Text 4 Philodamos aus Lampsakos II

Verres selbst kann sein Quartier nicht wechseln, da er seinen Gastgeber nicht kompromittieren darf. Daher lässt er Rubrius bei Philodamus gegen dessen Willen unterbringen. Dadurch kann Rubrius den Begleitern (comites) des Verres eine Einladung zu einem Gastmahl im Haus des Philodamus verschaffen. Seinen Sohn hat Philodamus zu Verwandten geschickt.

[Comites] mature veniunt, discumbitur. Fit sermo inter eos, et invitatio, ut Graeco more biberetur; hortatur hospes, poscunt maioribus poculis, celebratur omnium sermone laetitiaque convivium. Postquam satis calere res Rubrio visa est, „Quaeso“, inquit, „Philodame, cur ad nos filiam tuam non intro vocari iubes?“ Homo, qui et summa gravitate et iam id aetatis et parens esset, obstipuit hominis improbi dicto. Instare Rubrius. Tum ille, ut aliquid responderet, negavit moris esse Graecorum, ut in convivio virorum accumberent mulieres. Hic, tum alius ex alia parte „Enim vero ferendum hoc quidem non est; vocetur mulier!“ et simul servis suis Rubrius, ut ianuam clauderent et ipsi ad fores adsisterent, imperat.

Haec ubi filio nuntiata sunt, statim exanimatus ad aedes contendit, ut et vitae patris et pudicitiae sororis succurreret; omnes eodem animo Lampsaceni, simul ut hoc audiverunt, quod eos cum Philodami dignitas tum iniuriae magnitudo movebat, ad aedes noctu convenerunt. Hic lictor istius Cornelius, qui cum eius servis erat a Rubrio quasi in praesidio ad auferendam mulierem collocatus, occiditur; servi nonnulli vulnerantur; ipse Rubrius in turba sauciatur. Iste, qui sua cupiditate tantos tumultus concitatos videret, cupere aliqua evolare, si posset.

discumbere sich zu Tisch legen • invitatio • Graeco more nach griechischer Sitte *(mit unverdünntem Wein)* • hospes der Gast = Rubrius • poculum Becher • calere angeheizt sein • intro *Adv.* herein • homo = Philodamus • id aetatis et parens so betagt und dazu der Vater • obstipescere (-stipesco, -stipui) *m. Abl.* fassungslos sein über • instare *(historischer Infinitiv)* darauf bestehen • accumbere *hier* teilnehmen an, sich zu Tisch legen • enim vero ferendum hoc quidem non est Ü3 • hic dieser • ianua Haustür • foris, is *f* Tür(flügel) • adsistere sich hinstellen • haec *n Pl.* dieses *(Es entsteht eine Prügelei zwischen den Sklaven der Römer und denen des Philodamus. Mit haec setzt Cicero die narratio fort.)* • filio *(gemeint ist der Sohn von Philodamus)* • exanimatus atemlos • contendit *Subjekt ist filius* • succurrere zu Hilfe eilen • eodem animo *Abl.qual.* mit gleicher Einstellung, Absicht • simul ut sobald • quod weil • hic hier • lictor, is *m* Amtsdiener *(Cornelius ist ein Helfer des Verres)* • ad auferendam mulierem Ü3 • erat...collocatus war aufgestellt worden • sauciare = vulnerare • tumultus • concitare anstacheln • iste = Verres • cupere *(historischer Infinitiv)* • aliqua <via> • evolare = fugere

Am nächsten Tag rotten sich die Lampsakener vor Verres' Haus zusammen, beginnen die Tür einzuschlagen und Feuer zu legen. Erst die römischen Bürger von Lampsakos bringen sie mit Bitten davon ab. Verres fürchtet aber, alles könne ans Tageslicht kommen, und sorgt deshalb dafür, dass Philodamus wegen der Ermordung des Liktors Cornelius auf dem Forum von Laodicea hingerichtet wird.

T1 Lies (und/oder höre) den lateinischen Text mehrmals. Beantworte die folgenden Fragen mit Zitaten aus dem lateinischen Text und paraphrasiere den Inhalt auf Deutsch.

a) Rubrius kommt rechtzeitig zum Gastmahl. Wie wird gefeiert?

b) Was fordert Rubrius wiederholt?

c) Warum geht Philodamus nicht darauf ein?

d) Wie geht die Meinungsverschiedenheit aus?

e) Schreibe aus Z. 34-41 heraus, welche Personen(gruppen) vorkommen und notiere ihre Namen. Beschrifte sie mit ihren Handlungen und Beweggründen. Welches Sachfeld überwiegt in dem gesamten Textabschnitt?

Ü1 Passiv

a) Eine der folgenden Formen steht nicht im Passiv, sondern es handelt sich um ein Deponens. Unterstreiche es:
biberetur, hortatur, celebratur, vocetur.

b) Für die Übersetzung des lateinischen Passivs ins Deutsche gibt es (manchmal) mehrere Möglichkeiten, unter anderem:
I) deutsches Passiv II) man III) Aktiv.
Übersetze die Sätze und entscheide, welche Übersetzungsvariante die beste ist.

	Passiv	man	Aktiv
Deducitur iste ad Ianitorem quendam.			
Comites apud ceteros hospites collocantur.			
Mature veniunt, discumbitur.			
Invitatio, ut more Graeco biberetur.			
Cornelius occiditur, servi nonnulli vulnerantur.			

c) Erkläre, welche Wirkung durch die gehäufte Verwendung des Passivs entsteht.

Ü2 AcI / NcI videre: sehen + AcI ⇔ videri: scheinen + NcI

Unterstreiche im AcI den A und den I, beim NcI den N und den I. Übersetze danach.
Postquam satis calere res Rubrio visa est, ...
Iste, qui sua cupiditate tantos tumultus concitatos (esse) videret, ...

Ü3 nd-Formen

Wiederhole die nd-Formen und vervollständige die Tabelle.

enim vero ferendum hoc quidem non est	aber dies darf man auf keinen Fall dulden
ad auferendam mulierem	
ad invidiam vestri ordinis sedandam (Text 1)	
videndi potestas (Text 5)	

Ü4 direkte und indirekte Reflexivität: Wer ist gemeint?

Wiederhole die Verwendung der Pronomina suus und is/eius: Markiere diese in den Sätzen unten und notiere darüber, welche der handelnden Personen jeweils gemeint ist.

Z. 32 f.: ... simul servis suis Rubrius, ut ianuam clauderent et ipsi ad fores adsisterent, imperat.

Z. 37-39: Hic lictor istius Cornelius, qui cum eius servis erat ... collacatus ...

I1 Eine spannende Darstellung – dient sie nur der Unterhaltung?

a) Setze nun den Spannungsbogen von S. 19 I1b fort. Vergleiche ihn mit der Idealkurve des klassischen antiken Dramas.

b) Suche jeweils ein Beispiel für den Einsatz folgender Stilmittel in der gesamten Textpassage und erläutere die Wirkung: Alliteration, Asyndeton, Antithese, Klimax, Parallelismus.

I2 Lampsakos – privater Streit oder ein „Politikum"?

a) Beschreibe zusammenfassend die Stadt Lampsakos, so wie Cicero sie darstellt, vor der Ankunft des Verres und danach. Belege mit lateinischen Formulierungen.

b) Fasse zusammen, wie sich die Lampsakener gegen die Unrechtshandlungen des Verres wehren.

c) Begründe, warum Cicero diese Episode, die eigentlich mit Verres´ Aufenthalt auf Sizilien nichts zu tun hat und in der Verres selbst nur am Rande vorkommt, trotzdem in seiner Rede anführt.

I3 Wie unschuldig ist Philodamos? 

Stell dir vor, du bist Anwalt in Lampsakos. Philodamus bittet dich, ihn vor Gericht zu verteidigen. Du hast gewisse Zweifel, diesen Fall zu übernehmen ... Verfasse einen Brief an Philodamus, in dem du deine Bedenken äußerst.

I4 Cicero und die römischen Werte

Cicero bewertet den Charakter und das Verhalten der beteiligten Personen direkt und indirekt. Daraus kann man darauf schließen, welche Werte für Cicero selbst gelten. Führe das Charakterbild des Verres (S. 14 I1a) fort und zeichne jetzt für Cicero ein entsprechendes Selbstbild mit passenden Begriffen. (→Sammelfolie Ciceros Wertekosmos)

gestus und vultus – Der Vortrag der Rede I

Natürlich ist der Inhalt einer Rede wichtig. Und eine laute, wohlklingende Stimme – zumal in Zeiten ohne Mikrophon – ebenfalls. Wenn die Rede allerdings ohne erkennbare emotionale Beteiligung des Redners vorgetragen oder gar vorgelesen wird, wird sie wirkungslos bleiben. Schon in der Antike gab es dazu dezidierte Anleitungen. Hier schreibt ein römischer Redelehrer: Die Bewegungen des Körpers bestehen aus einer bestimmten Lenkung der Gestik und Mimik, die das, was ausgesprochen wird, glaubhafter macht. Es muss also in der Mimik Zurückhaltung oder Schärfe erkennbar sein, in der Gestik darf weder Anmut noch Hässlichkeit sichtbar sein, damit wir nicht aussehen wie Schauspieler oder Arbeiter. Ebenso wie die Stimme, teilt man auch die Art der Körperbewegung ein. *(Auctor ad Herennium III 19-27 (gek.))*

I5 Ein Blick sagt mehr ... 

Ein wichtiger Teil einer Rede ist der Vortrag. Dieser wird durch die Modulation der Stimme und durch Gestik und Mimik unterstützt.

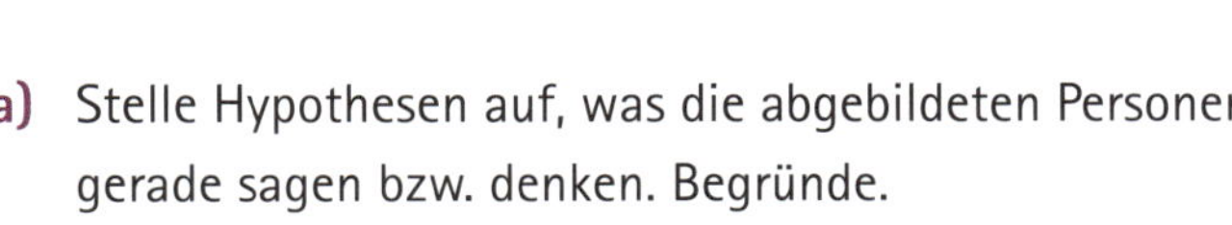

a) Stelle Hypothesen auf, was die abgebildeten Personen gerade sagen bzw. denken. Begründe.

b) Trage eine Passage aus diesem Teil der Rede unter Einsatz von Mimik und Gestik vor.

Text 5 Antiochus aus Syrien I

Nach Schilderung weiterer Episoden kommt Cicero nun auf ein Ereignis zu sprechen, das sich im Jahre 72 v. Chr. in Syrakus, dem Hauptsitz des Statthalters, ereignet hat.

Venio nunc non iam ad furtum, non ad avaritiam, non ad cupiditatem, sed ad eiusmodi facinus, in quo omnia nefaria contineri mihi atque inesse videantur; in quo di immortales violati, existimatio atque auctoritas nominis populi Romani imminuta, hospitium spoliatum ac proditum, abalienati scelere istius a nobis omnes reges amicissimi nationesque, quae in eorum regno ac dicione sunt.

omnia nefaria *n Pl.* • di = dei • existimatio, ionis *f* Ruf, Wertschätzung • imminuere (-minuo, -minui, -minutum) vermindern, schwächen • hospitium Gastfreundschaft • abalienare a *m. Abl.* jdm. abspenstig machen • dicio, ionis *f* Abhängigkeit

Das „Opfer" ist Antiochus (rex). Sein Königreich Syrien war von einem Nachbarkönig erobert worden. Er hatte in Rom erfolglos um politische Hilfe gebeten und war nun auf der Rückreise. Es gab das Gerücht (res), dass in seinem Gepäck ein großer Kandelaber sei, den er als Weihegeschenk für den Jupiter-Tempel auf dem Kapitol in Rom hätte stiften wollen, wenn die Renovierung des Tempels rechtzeitig beendet gewesen wäre.

Pervenit res ad istius aures. Iste petit a rege et eum pluribus verbis rogat, ut id ad se mittat; cupere se dicit inspicere neque se aliis videndi potestatem esse facturum. Antiochus, qui animo et puerili esset et regio, nihil de istius improbitate suspicatus est; imperat suis, ut id in praetorium involutum quam occultissime deferrent. Quo postquam attulerunt involucrisque reiectis constituerunt, clamare iste coepit dignam rem esse regno Syriae, dignam regio munere, dignam Capitolio.
Etenim erat eo splendore, qui ex clarissimis et pulcherrimis gemmis esse debebat, ea varietate operum, ut ars certare videretur cum copia, ea magnitudine, ut intellegi posset non ad hominum apparatum, sed ad amplissimi templi ornatum esse factum. Cum satis iam perspexisse videretur, tollere incipiunt, ut referrent. Iste ait se velle illud etiam atque etiam considerare; nequaquam se esse satiatum; iubet illos discedere et candelabrum relinquere. Sic illi tum inanes ad Antiochum revertuntur.

res *(gemeint ist das Gerücht)* • iste = Verres • rex, regis *m* = Antiochus • id = candelabrum • praecipere oculis *(mit den Augen vorwegnehmen)* früher betrachten • inspicere besichtigen • videndi potestatem Gelegenheit zu sehen • se...facturum dass er geben werde *AcI Futur* • puerilis, e kindlich • suis *(Dativ Pl. von suus)* seine Leute/Diener • improbitas, tatis *f* Skrupellosigkeit • praetorium Amtswohnsitz des Prätors • quo dorthin • involvere (-volvo, -volvi, -volutum) einwickeln • involucrum Hülle, Verhüllung • reicere entfernen • res = candelabrum • Capitolium Kapitol *(wichtigster Hügel Roms)* • erat enim *gemeint ist* id = candelabrum • splendor, oris *m* Glanz • varietas operum Vielfalt der künstlerischen Techniken • certare wetteifern • apparatus, ūs *m* Prunk, Ausstattung • ornatus, ūs *m* Schmuck • considerare anschauen • nequaquam keineswegs • satiari sich sättigen, sich sattsehen • inanis, e *hier* unverrichteter Dinge

Sammelfolie: Stilmittel

Cicero verwendet in der Rede fast alle gängigen Stilmittel wie:
Alliteration – Anapher – Antithese – Asyndeton – Chiasmus – Ellipse – Epipher – Euphemismus – Hendiadyoin – Homoioteleuton – Hyperbaton – Hyperbel – Inversion – Klimax – Lautmalerei (Onomatopoiia) – Litotes – Metapher – Metonymie – Paradoxon – Parallelismus – Paronomasie – Personifikation – Polyptoton – Polysyndeton – Praeteritio – rhetorische Frage – Trikolon – Vergleich

Aufgabe: Wähle acht Stilmittel aus, die besonders häufig bei Cicero vorkommen. Nenne zu diesen mehrere Textbeispiele und erläutere die Funktionsweise.

Name und Gruppe	Textbeispiele	Funktionsweise

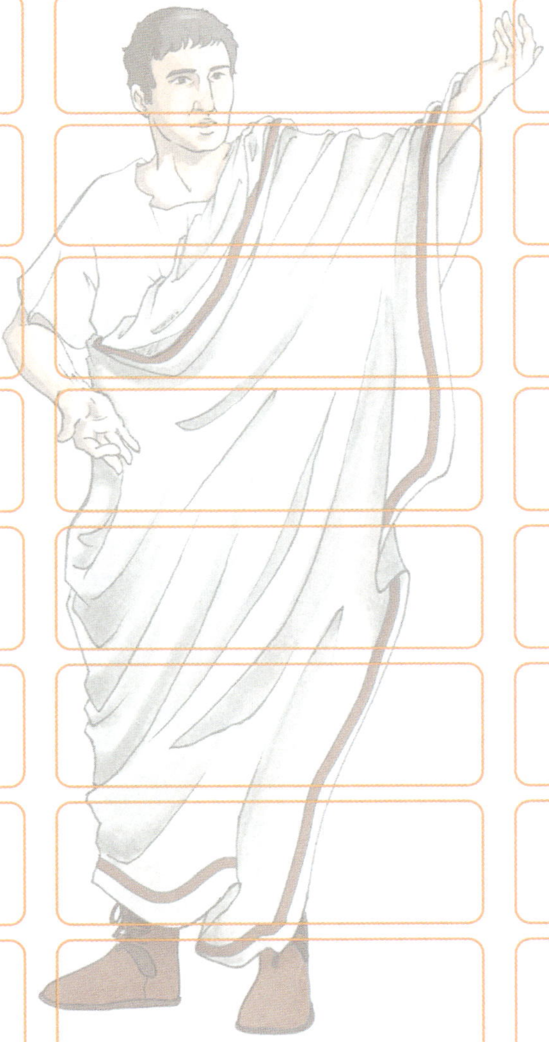

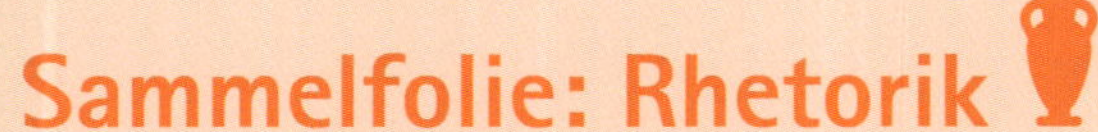

Sammelfolie: Rhetorik

Aufgabe:
Wähle vier der Aufgaben eines Redners aus und sammle jeweils ein lateinisches Beispiel dafür. Analysiere dabei die Strategie Ciceros und ergänze diese um ein eigenes Beispiel.

Aufgaben des Redners	Textausschnitt der Verres-Rede	Inhalt / Ciceros entsprechende Strategie	Textbelege	Erkenntnisse / Tipps
das Publikum gewinnen und aufmerksam halten				
das Thema bestimmen und entfalten				
Gliederung und klarer Aufbau				
sachliche Richtigkeit und gute Argumentation; Widerlegung der Gegenargumente				
„gute Sprache"				
wirkungsvolles Ende				
überzeugender Vortrag (gestus et vultus; Stimme)				
Gestaltung der kommunikativen Situation / Kommunikationsmodell				

Sammelfolie: „Ciceros Wertekosmos“ 

Cicero charakterisiert andauernd die Persönlichkeiten und das Verhalten der „Opfer“ des Verres. Alle werden als besonders tugendhaft, vorbildlich etc. dargestellt. Dies dient Cicero als Kontrastfolie für das Verhalten des Verres und er versucht dabei, an traditionelle römische Wertvorstellungen anzuknüpfen. Das heißt also, dass sich in Zusammenhang mit Verres Begriffe (Adjektive, Substantive, Verben etc.) finden, die aus Sicht Ciceros und eines römischen Zuhörers moralisch negativ belegt sind. Bei den „Opfern“ dagegen findet man entsprechend positive Ausdrücke.

Aufgabe: Sammle in den Texten der Verres-Rede diese Begriffe und ordne sie ein. Erstelle ein „moralisches Wörterbuch“ Ciceros.

Begriffe, die ein römischer Redner braucht, um anzuklagen und zu tadeln:

Begriffe, die ein römischer Redner benutzt, um Moral und Tugend zu unterstreichen:

Kompetenz-Wertekosmos In Puncto

IN PUNCTO I (nach Text 4)

				Wiederholung
Texterschließung				
Ich kann einen Text nach Sachfeldern/Leitfragen erschließen.				S. 13, T1
Ich kann die Einrückmethode anwenden.				S. 18, T2
Übersetzungsfragen				
Ich kann Wortbedeutungen selbstständig erschließen.				S. 13, Ü1
Ich erkenne Hyperbata (KNG-Kongruenz) sicher.				S. 14, Ü3
Ich kenne wichtige Pronomina und ihre Deklination.				S. 10, Ü3
Ich kenne verschiedene Möglichkeiten für die Übersetzung des Passivs.				S. 21, Ü1
Ich erkenne AcI/NcI und kenne eine Übersetzungsmöglichkeit.				S. 21, Ü2
Interpretation				
Ich verstehe die Hintergründe des Prozesses.				S. 4-6
Ich verstehe Ciceros Prozessstrategie.				S. 11, I1
Ich kenne die Arbeitsschritte des Redners.				S. 15
Ich kenne Möglichkeiten zur Eröffnung einer Rede.				S. 10
Ich kann Stilmittel benennen und analysieren.				S. 15, I3 b) / S. 22, I1 b)

Falls du nicht überall 😁 angekreuzt hast: Wiederhole die Aufgaben oder frage nach Zusatzmaterial.

IN PUNCTO II (nach Text 9)

				Wiederholung
Texterschließung				
Ich kann einen Text nach Gliederungsmerkmalen rekonstruieren.				S. 33, T1
Ich kann einen Text auf Grundlage von Hypothesen erschließen.				S. 25, T1
Übersetzungsfragen				
Ich kann Wortbedeutungen nach verschiedenen Regeln erschließen.				S. 25, Ü1 / S. 40, Ü1
Ich erkenne den Ablativ und kenne Übersetzungsmöglichkeiten.				S. 30, Ü2
Ich kenne verschiedene Bedeutungen von „ut" und „cum".				S. 19, Ü3 / S. 34, Ü5
Ich erkenne Abl.abs., Pc und AcI sicher.				S. 26, Ü3 / S. 44, Ü3
Ich kann ein Tempusprofil erstellen.				S. 34, Ü3
Interpretation				
Ich kann die Rede aus verschiedenen Perspektiven analysieren.				S. 31, I1+3 / S. 36, I3
Ich erkenne die Gliederung einer Rede und Elemente des Spannungsaufbaus.				S. 26 / S. 31, I4
Ich weiß, wie eine Rede vorgetragen werden muss.				S. 23, I5
Ich kann die Verbrechen des Verres nach Kategorien ordnen.				S. 46, I1
Ich habe Ideen, welche modernen Verbrechen mit denen des Verres verglichen werden können.				S. 41, I3 / S. 45, I2 b)

Falls du nicht überall 😁 angekreuzt hast: Wiederhole die Aufgaben oder frage nach Zusatzmaterial.

T1 Cicero kündigt einen besonders schweren Fall an

a) Notiere einige Stichpunkte, wie du selbst in einer Rede auf den Höhepunkt hinleiten würdest.

b) Lies dir Z. 1-6 durch. Markiere im lateinischen Text semantische (Wortwahl) und syntaktische (Satzbau) Auffälligkeiten mit verschiedenen Farben.

c) Stelle eine Hypothese auf, um welche Art von Verbrechen es gehen könnte.

T2 Texterschließung durch Leitfragen

Lies dir die Sätze in Z. 7-18 durch und entscheide dann.

	ja	nein
Verres befiehlt dem König, dass er ihm den Kandelaber bringen lasse.		
Antiochus hegt keinen Argwohn gegenüber Verres.		
Antiochus befiehlt seinen Leuten, den Kandelaber öffentlich zu Verres zu bringen.		
Als Verres den Kandelaber sieht, verstummt er vor Bewunderung.		
Der Kandelaber war nicht sehr groß, aber aus purem Gold.		

T3 Texterschließung durch Informationssuche

In Z. 18–20 wird das weitere Geschehen beschrieben. Belege am Text: Wie geht der Besuch der Diener des Antiochus bei Verres aus? Wie verhält sich Verres? Wo verbleibt der Kandelaber?

Ü1 Wortfamilien

Ergänze die Wortfamilie und leite die Bedeutung des Substantivs her.

donum	donare (schenken)		
existimatio	existimare (schätzen)		Wertschätzung
cupiditas		cupidus	
pulchritudo			

Ü2 Attribute und der Ablativus qualitatis

a) Notiere alle Angaben, mit denen der Kandelaber beschrieben wird.

b) Gegenstände kann man z. B. mit Adjektiven in verschiedenen Steigerungsformen, dem Ablativus qualitatis und mit Relativsätzen beschreiben. Markiere in der Beschreibung des Kandelabers im Text die entsprechenden Varianten mit verschiedenen Farben.

c) Begründe, warum Cicero den Kandelaber so ausführlich beschreibt.

Ü3 AcI/NcI?

	AcI	NcI	VZ	GZ	NZ
In quo omnia nefaria contineri mihi atque inesse videantur.					
Dicit se non aliis videndi potestatem facturum esse.					
Iste ait se velle illud etiam atque etiam considerare.					
Verres satis iam perspexisse videbatur.					

Gliederung einer Rede

Für den Aufbau einer Rede gibt es – seit Aristoteles – ein Grundgerüst. Ein Blick in moderne Rhetorik-Ratgeber zeigt, dass diese Tradition noch lebendig ist und sich jeder Redner an dieses Schema hält. Ein unbekannter Autor hat es so notiert (*Auctor ad Herennium I 4*):

Redeteil	Inhalt / Funktion
exordium	„Einleitung"; Gewinnung der Aufmerksamkeit des Publikums; Darlegung, ob man von sich und seinen Qualitäten, von den Fehlern des Gegners oder von der Sache ausgeht
narratio	Themenentfaltung und kurze, deutliche, wahrhaftig wirkende Darstellung des Sachverhaltes
dispositio	Problemstellung
confirmatio	Anführung von Argumenten und Beweismitteln zur Stärkung der eigenen Position
confutatio	Widerlegung von Gegenargumenten, Entkräftung von fremden Beweismitteln
conclusio	Zusammenfassung der eigenen Argumente und emotional packender Schlussappell

I1 Eine Rede in der Rede

Untersuche, welche Sätze der Antiochus-Episode zum exordium (Einleitung) gehören und wo die narratio beginnt. Teile die gesamte Erzählung (jetzt Teil I, später Teil II) nach dem üblichen Gliederungsmuster (→Infokasten oben) ein.

Weihgeschenke

Weihgeschenke waren in der Antike sehr verbreitet. Besonders die großen griechischen Heiligtümer in Olympia und Delphi wurden reich beschenkt. Mit steigender Bedeutung Roms galt dies auch für das Hauptheiligtum der Stadt auf dem Kapitol. Die Latiner haben z. B. goldene Kränze gestiftet und Hieron von Syrakus stiftete eine goldene Victoria. Die Schatzhäuser der Tempel in Olympia und Delphi waren wegen ihres Reichtums berühmt und in Zeiten der Not, z. B. zur Deckung der Kriegskosten, konnte man auf die Edelmetalle zurückgreifen unter dem Hinweis, dass man die Götter beim Sieg entschädigen werde.

I2 Kleiner König – große Geschenke?

Fasse den bisherigen Ablauf der Ereignisse in 5–7 Sätzen zusammen. Untersuche dann, warum Cicero mehr als diese sieben Sätze benötigt. Gehe dafür so vor:

a) Analysiere den Beginn der Episode (Z. 1–6). Beschreibe, welche Stimmung aufgebaut wird.

b) Ein Kandelaber ist eigentlich eine Art Kerzen- oder Lampenständer. Cicero stellt ihn jedoch als ein monumentales Kunstwerk dar. Erkläre, welchen Zweck er damit verfolgt.

c) Stelle die Charakterisierung und die Handlungen von Verres und Antiochus gegenüber. Erläutere, welche Eigenschaften des Opfers Verres für seine Tat ausnutzt. Ergänze deine Beobachtungen nach Abschluss des gesamten Textes.

d) Beschreibe den stilistischen Aufbau dieses Satzes und vergleiche Aussage und Form. Stelle an diesem Beispielsatz die Aussageabsicht Ciceros dar.

Quo postquam attulerunt involucrisque reiectis constituerunt, clamare iste coepit dignam rem esse regno Syriae, dignam regio munere, dignam Capitolio.

I3 Dann aber stehen die Bediensteten mit leeren Händen vor Antiochus ...

a) Formuliere ihre Rechtfertigung. Berücksichtige dabei die Stellung des Verres.

b) Erörtere: Was könnte Antiochus jetzt tun (aus heutiger Sicht – aus antiker Sicht)?

Text 6 Antiochus aus Syrien II

Die Diener kamen unverrichteter Dinge zu Antiochus zurück.

Rex primo nihil metuere, nihil suspicari; dies unus, alter, plures; non referri. Tum mittit, si videatur, ut reddat. Iubet iste posterius ad se reverti. Mirum illi videri; mittit iterum; non redditur. Ipse hominem appellat, rogat, ut reddat. Os hominis insignemque impudentiam cognoscite! Quod sciret, quod ex ipso rege audivisset in Capitolio esse ponendum, quod Iovi Optimo Maximo, quod populo Romano servari videret, id sibi ut donaret, rogare et vehementissime petere coepit. Cum ille se et religione Iovis Capitolini et hominum existimatione impediri diceret, quod multae nationes testes essent illius operis ac muneris, iste homini minari acerrime coepit. Ubi videt eum nihilo magis minis quam precibus permoveri, repente hominem de provincia iubet ante noctem decedere; ait se comperisse ex eius regno piratas ad Siciliam esse venturos.

si videatur wenn es ihm recht sei • posterius *Adv.* zu einem späteren Zeitpunkt • hominem = Verrem • insignis, e offensichtlich • impudentia Unverschämtheit • Quod sciret…vehementissime petere coepit (Z. 25-27) Obwohl er wusste und es vom König selbst gehört hatte, dass der Kandelaber auf dem Kapitol aufgestellt werden sollte, und obwohl es offenkundig war, dass der Kandelaber für Jupiter, für das römische Volk vorgesehen war, begann er zu bitten und aufs Heftigste zu fordern, ihm den Kandelaber zu schenken. • Iuppiter, Iovis Capitolinus Jupiter • existimatio, ionis *f* Einschätzung, Urteil • homini = Antiocho • minari drohen • nihilo magis ebenso wenig • minae, arum *f Pl.* Drohungen

Hals über Kopf und tränenüberströmt bricht der König in seine Heimat auf.

Quemadmodum hoc accepturas nationes exteras, quemadmodum huius tui facti famam in regna aliorum atque in ultimas terras perventuram putasti, cum audirent a praetore populi Romani in provincia violatum regem, spoliatum hospitem, eiectum socium populi Romani atque amicum? Nomen vestrum populique Romani odio atque acerbitati scitote nationibus exteris, iudices, futurum, si istius haec tanta iniuria impunita discesserit. Itaque hoc nefario scelere concepto nihil postea tota in Sicilia neque sacri neque religiosi duxit esse; ita sese in ea provincia per triennium gessit, ut ab isto non solum hominibus verum etiam dis immortalibus bellum indictum putaretur.

[Verres,] wie werden wohl deiner Meinung nach dieses die ausländischen Völker aufnehmen, welches Gerede wird wohl über diese deine Tat in die Königreiche der anderen Herrscher und in die entferntesten Länder gelangen, wenn sie hören, dass von einem Prätor des römischen Volkes und in der römischen Provinz ______________, ein ______________ und ein ______________ ______________? Ihr sollt wissen, o Richter, dass euer guter Name und der des römischen Volkes bei ausländischen Völkern zu Hass und Verbitterung führen wird, wenn dieses ______________ ungestraft vergehen wird. Und so achtete Verres, ______________ ______________, nichts mehr im weiteren Verlauf auf ganz Sizilien für______________; [und] er führte sich in dieser Provinz über den Dreijahreszeitraum so auf, dass man meinen konnte, es sei von ihm nicht nur ______________ der Krieg erklärt worden.

T1 Personen und ihre Handlungen (Z. 21–32)

Nach der Rückkehr seiner Helfer mit leeren Händen ist nun Antiochus selbst gefordert, den Konflikt zu lösen. Markiere im lateinischen Text seine Handlungen und die des Verres in unterschiedlichen Farben. Erstelle auf dieser Grundlage einen Handlungsablauf, indem du die unten stehende Tabelle in dein Heft überträgst und darin Satz für Satz die Informationen der Hauptsätze notierst.
Fasse am Ende deine Beobachtungen zusammen.

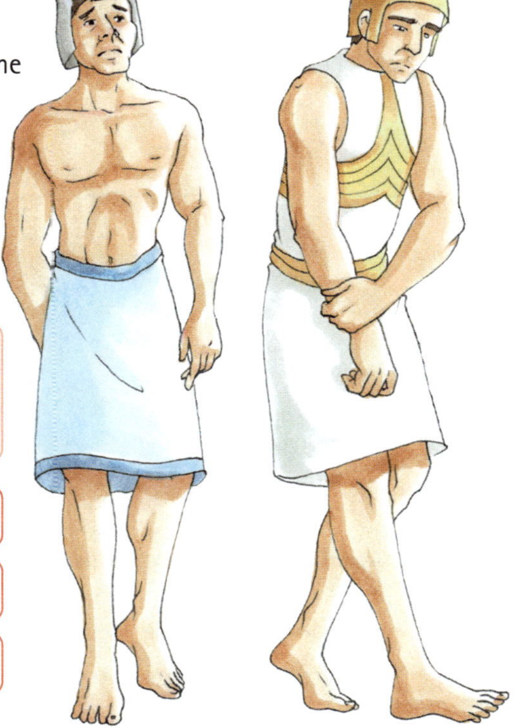

Formulierungen, mit denen Verres bezeichnet wird …	Formulierungen, mit denen Antiochos bezeichnet wird …	Handlungsablauf (Prädikat + Ergänzung)
…	rex	nihil metuere
…		
hominem	ipse	appellat

T2 Redner und Zuhörer (Z. 33–46)

a) Fülle die Lücken in der Übersetzung mithilfe des lateinischen Textes. Analysiere anschließend die Vorwürfe, die den angesprochenen Personen (-gruppen) gemacht werden.

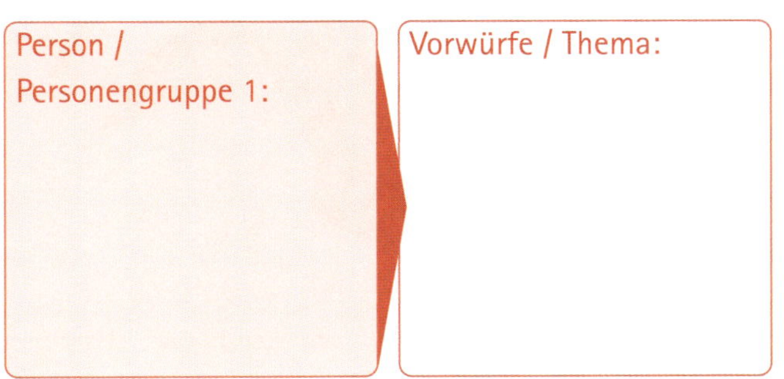

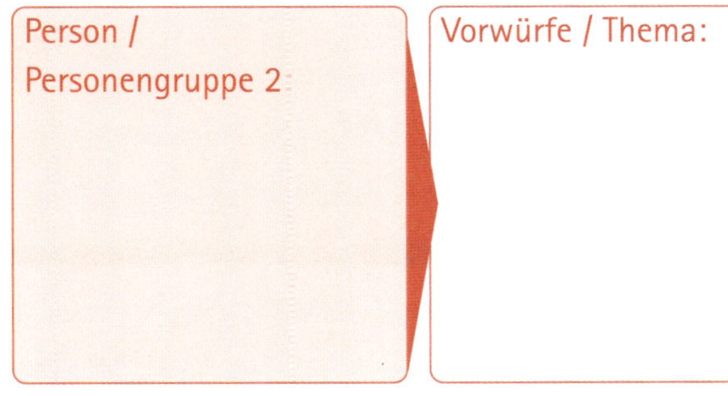

b) Vergleiche den Schluss des Redeabschnitts (Z. 42–46) mit dem Anfang (S. 24, Z. 1–6).

Ü1 historischer Infinitiv und historisches Präsens

a) So wie heute in der Boulevardpresse kann man im Lateinischen das historische Präsens oder sogar den historischen Infinitiv verwenden. Erläutere die Verwendung im folgenden Beispiel:

Nihil metuere, nihil suspicari; non referri.
Tum mittit. Iubet.
Mirum videri; mittit iterum; non redditur, appellat, rogat.

b) Überprüfe deine Übersetzung.

Ü2 Ablativ – die Kunst, die richtige Präposition zu finden!

a) Wiederhole die vier Funktionen des Ablativs, die der Feldherr auf die Tafeln geschrieben hat.

b) Sortiere auf den tabulae.

in Capitolio ponere – ex rege audire – religione Iovis impediri – precibus permoveri – de provincia decedere – ex regno piratas venturos – hoc scelere concepto

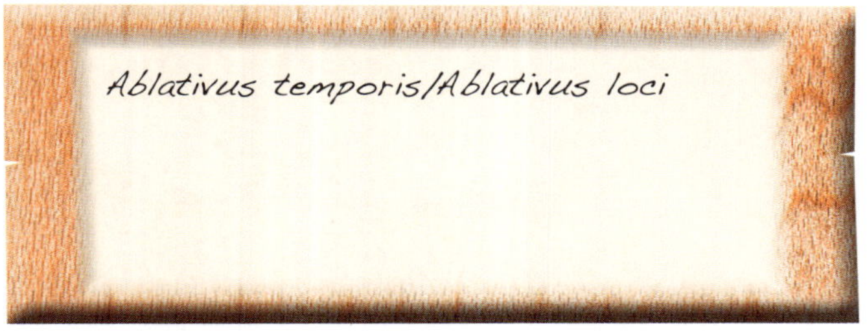

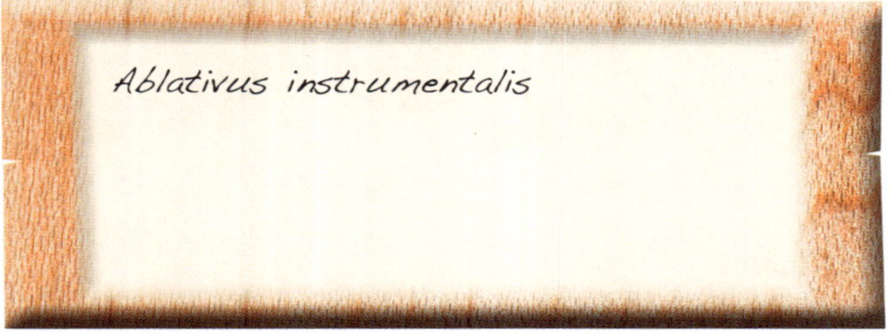

imperium, provincia, imperator – Machtbasis des römischen Statthalters

Ein Statthalter hatte in seinem Amtsbereich (provincia) die absolute Macht (imperium). Er war oberster Richter, Chef der Verwaltung, Befehlshaber der römischen Truppen und fällte alle politischen Entscheidungen. Seine Macht war nur durch die zeitliche Befristung (in der Regel ein Jahr) und durch die Aufgabenbereiche der anderen römischen Amtsinhaber (auf Sizilien z. B. der Praetor in Lilybaeum) begrenzt.

Es war allerdings klug, auf politische Verhältnisse in der Provinz, das Gewohnheitsrecht und die Traditionen Rücksicht zu nehmen. Die Hauptaufgabe eines Statthalters war es, die Provinz ruhig zu halten, Bedrohung von außen abzuwehren und Steuern für Rom einzutreiben. Auf Sizilien gelang das nur in Zusammenarbeit mit lokalen Mächten (z. B. Dorf- und Stadtgemeinden, angesehene Personen) oder privaten „Sicherheitsdiensten" (z. B. die sog. Venussklaven vom Berg Eryx), denn die Mannschaft des Statthalters bestand aus wenigen Beamten (lictores – zuständig vor allem für die Führung des Gerichtes – und ggf. ein quaestor für ein Steuergebiet) und einer kleinen militärischen Schutztruppe.

I1 Der Richter muss immer auf die Wahrheit achten, der Anwalt dagegen auf das Wahrscheinliche. *(Cicero, de officiis 2,52)*

Es geht um Diebstahl. Versetze dich in die Rolle der Richter und kläre den Sachverhalt.

- Quid: Was wurde gestohlen? Welche Zeugen gibt es dafür? Wer weiß, wie das Objekt aussah?
- Quis: Wer ist Täter, wer ist Opfer?
- Quomodo: Wer tat was? Gegen welches Gesetz wurde verstoßen? Welche Motive spielen eine Rolle?

Beweisführung im römischen Gerichtswesen

In einer Prozessrede kommt den Beweisen die größte Bedeutung zu. Aristoteles – und nach ihm die gesamte Rhetorik – unterscheidet dabei zwischen probationes inartificiales (d. h. Beweise ohne argumentative Kunstgriffe, das sind z. B. Fakten, Dokumente und Zeugenaussagen) und probationes artificiales (Beweise mit argumentativen Kunstgriffen). Bei diesen gibt es zwei logische Formen: Deduktion (Ableitung) aus der allgemeinen Regel und Induktion (Hinführung) über ein Beispiel. Dies entspricht in etwa der Technik der Abstraktion und Verallgemeinerung von Einzelbeobachtungen.

I2 Der Widerstand des Opfers

Wie andere Opfer des Verres wehrt sich auch Antiochus.

a) Antiochos wehrt sich, indem ...

b) Stelle dar, durch welche Informationen und durch welche sprachlichen Mittel Cicero Antiochus zum Sympathieträger der ganzen Episode macht. Berücksichtige auch die Fakten.

I3 Ciceros Beweisführung – eine Steilvorlage für Verres' Verteidiger?

Versetze dich in die Rolle des Hortensius, der Verres verteidigt. Stelle Argumente für eine Gegenrede zusammen, in der du sowohl den Vorwurf eines scelus wie auch den des furtum ablehnst. Berücksichtige dabei folgende Aspekte:

- Wer ist aus deiner Sicht Antiochus, welche Rolle spielt er für Rom?
- Was ist der eigentliche Tatbestand?
- In welcher brisanten politischen Situation befand sich die Provinz Sizilien?
- Wo liegen die Interessen Roms?

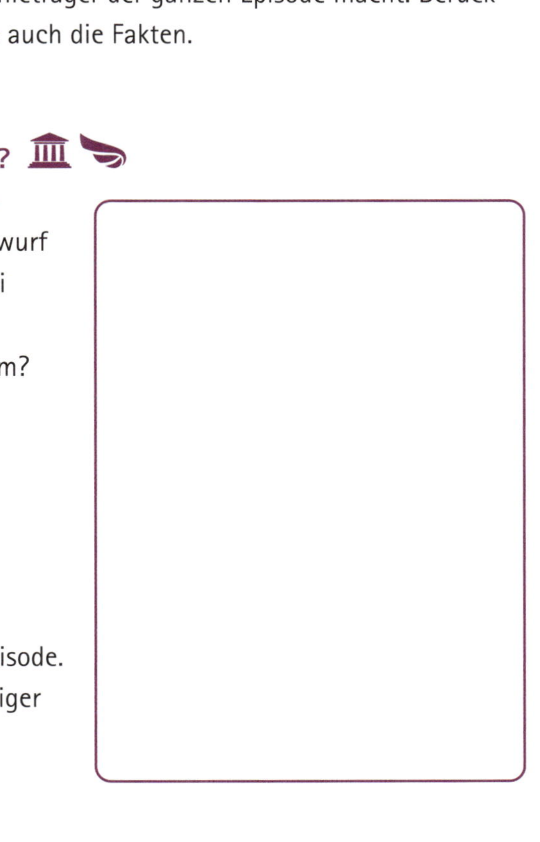

I4 Der Fall Antiochus – ein Höhepunkt?

Vergleiche das Ergebnis der T1 mit dem vorläufigen Abschluss der Episode. Hat Cicero seine Ankündigung umsetzen können? Beurteile aus heutiger und aus antiker Sicht.

Text 7 Agrigent

In der Stadt Agrigent (Agrigenti) auf Sizilien lässt Verres mehrere Heiligtümer plündern. Die obersten Beamten von Agrigent befehlen daher, die Heiligtümer strenger zu bewachen. Dennoch plant Verres (iste) einen weiteren Diebstahl.

I Horam amplius iam in demoliendo signo permulti homines moliebantur; illud interea nulla lababat ex parte, cum alii vectibus subiectis conarentur commovere, alii deligatum omnibus membris rapere ad se funibus. Ac repente Agrigentini concurrunt; fit magna lapidatio; dant sese in fugam istius praeclari imperatoris nocturni milites. Duo tamen sigilla perparvula tollunt, ne omnino inanes ad istum praedonem religionum revertantur.

II Interea ex clamore fama tota urbe percrebruit expugnari deos patrios, non hostium adventu necopinato neque repentino praedonum impetu, sed ex domo atque ex cohorte praetoria manum fugitivorum instructam armatamque venisse. Nemo Agrigenti neque aetate tam affecta neque viribus tam infirmis fuit, qui non illa nocte eo nuntio excitatus surrexerit, telumque, quod cuique fors offerebat, arripuerit. Itaque brevi tempore ad fanum ex urbe tota concurritur.

III Numquam tam male est Siculis, quin aliquid facete et commode dicant, velut in hac re aiebant in labores Herculis non minus hunc immanissimum verrem quam illum aprum Erymanthium referri oportere.

IV Herculis templum est apud Agrigentinos non longe a foro, sane sanctum apud illos et religiosum. Ibi est ex aere simulacrum ipsius Herculis, quo non facile dixerim quicquam me vidisse pulchrius – tametsi non tam multum in istis rebus intellego quam multa vidi – usque eo, iudices,

ut rictum eius ac mentum paulo sit attritius,

quod in precibus et gratulationibus non solum id venerari

verum etiam osculari solent.

---

aetate tam affecta so alt • Agrigenti *Lokativ* in Agrigent • aper Erymanthius der Erymanthische Eber • arripere (-ripio, -ripui, -reptum) an sich reißen • clava Knüppel • cohors, -hortis *f* praetoria Gefolge des Prätors • convellere (-vello, -velli, -vulsum) aufbrechen • deligatum (signum) an die Statue angebunden • deligare anbinden, befestigen • effringere (-fringo, -fregi, -fractum) herausbrechen • (aliquid) facete et commode dicere etwas witzig und passend sagen • fugitivus 📖 • funis, is *m* Seil, Tau • fustis, is *m* Stock • gratulatio 📖 • horam amplius iam schon mehr als eine Stunde • immanis, e riesig, gewaltig • inanis, e *hier* mit leeren Händen • infirmus schwach • intempesta nocte = multa nocte • labare wanken, zu stürzen beginnen • male mulcatus böse zugerichtet • mentum Kinn • moliri *hier* sich abmühen • necopinatus unvermutet • obsistere = resistere • osculari küssen • paulo attritius ein wenig abgerieben • percrebrescere (percrebrui) bekannt werden • quo non...pulchrius von dem ich nicht leicht sagen könnte, dass ich schon einmal etwas Schöneres gesehen hätte • quod cuique fors offerebat je nachdem, was ihnen zufällig in die Hände fiel • usque eo, ut bis auf das, dass... • religiosus → religio • repagula Türriegel • repentinus plötzlich • rictus, us *m* (aufgesperrter) Mund • sese = se • sigillum kleine Figur, Statuette • tam..., qui...non so..., dass er nicht • tam...quin so, dass • Timarchides *(ein Begleiter des Verres)* • valvae, arum *f Pl.* Tür • vectis, is *m* Brechstange • vectibus subiectis mit untergelegten Brechstangen • venerari verehren • verres 📖 • verum etiam = sed etiam • vigil, is *m* Wächter

V Ad hoc templum, cum esset iste Agrigenti, duce Timarchide repente nocte intempesta servorum armatorum fit concursus atque impetus. Clamor a vigilibus fanique custodibus tollitur; qui primo cum obsistere ac defendere conarentur, male mulcati clavis ac fustibus repelluntur. Postea convulsis repagulis effractisque valvis demoliri signum ac vectibus labefactare conantur.

T1 Textrekonstruktion

Cicero hat sein Redemanuskript auf einzelne Täfelchen geschrieben. Sein Sklave stolpert auf dem Weg zum Prozess über einen Hund und lässt die Tafeln fallen. Hilf ihm, diese wieder in die richtige Reihenfolge zu bringen, und begründe deine Reihenfolge.

T2 Rekonstruktion eines crimen/furtum

In der von Cicero geschilderten Episode soll etwas gestohlen werden. Zeichne den Gegenstand in das Bild. Notiere anschließend an den Linien die Mittel, die für den Diebstahl verwendet werden.

Ü1 Sachfelder

Schreibe aus dem Text Vokabeln und Wiederholungen zu folgenden Sachfelderr heraus.

Dunkelheit	Überraschung/Schnelligkeit	Lärm

Ü2 Polysemie

Schlage im Wörterbuch nach, was religio und religiosus heißen kann. Suche jeweils die passende Bedeutung und ergänze, wenn möglich, die fehlenden Skizzen.

homines religiosi	fanum religiosum	praedo religionum
est enim apud eos tanta religio	ex fano religiosissimo	

Ü3 Tempusprofil

Fertige ein Tempusprofil des Textes an. Erläutere dabei vor allem die unterschiedliche Funktion der Verwendung des Präsens.

Ü4 Vielfältiges cum

Wiederhole die Bedeutungen von cum als Präposition und Subjunktion mit Indikativ bzw. Konjunktiv. Erkläre, welche Bedeutung im Satz illud interea nulla lababat ex parte, cum alii vectibus subiectis conarentur commovere sinnvoll erscheint.

Ü5 Ablativ

a) Gib an, wie du nach dem Ablativ fragst und unterstreiche diesen. Notiere Frage, Präposition und Kasusfunktion und finde jeweils eine gute Übersetzung.

Duce Timarchide fit concursus.	
Alii signum rapuerunt ad se funibus.	
Nemo neque aetate neque viribus tam infirmis fuit.	
Signum ex nulla parte lababat.	

b) Probiere auch den Ablativus absolutus. Welche Übersetzung ist sinnvoll?

Armati convulsis repagulis effractisque valvis signum demoliri conantur.	

Der sogenannte Herkulestempel in Agrigent gehört zu den bedeutendsten Tempeln im dorischen Stil.

Griechische Tempel auf Sizilien

Auf Sizilien befand sich in jedem Ort mindestens ein Heiligtum (fanum). In Agrigent gab es sogar ein ganzes „Tal der Tempel" (heute Weltkulturerbe). Den Mittelpunkt des fanum bildete der Tempel. In seinem Außenbereich und im Umfeld standen unzählige Weihgeschenke, deren Spektrum von einfachen Steinen (Stelen) über kleine Figuren bis hin zu bronzenen und vergoldeten Statuen reichte. Viele dieser Weihgeschenke waren Hunderte von Jahren alt. Alles wurde von den Siculi mit großer Frömmigkeit verehrt. Die Tempel waren in der Regel den großen olympischen Göttern geweiht. Herkules gehörte nicht zu diesen. Er war wegen seiner Heldentaten und der Mischung aus Körperkraft, Witz und Mut bei allen Menschen populär. Ob sein Tempel tatsächlich der sog. Herkulestempel im „Tal der Tempel" war oder ob er nur einen kleinen Tempel am Markt hatte, ist wissenschaftlich umstritten.

I1 Ein einfacher Diebstahl? 

a) Fasse den bisherigen Ablauf der Ereignisse in 5–7 Sätzen zusammen. Erkläre, warum Cicero mehr als diese sieben Sätze benötigt.

b) Markiere im lateinischen Text Formulierungen, mit denen die Statue beschrieben wird. Beschreibe, wie die Statue auf den Zuhörer wirken soll.

c) Ähnliche Abnutzungserscheinungen wie an der Herkules-Statue findet man auch bei der Julia-Statue in Verona („Romeo und Julia"). Erläutere, wie diese zustande kommen.

d) Übersetze die Formulierung expugnari deos patrios und erkläre, was Cicero damit aussagen will.

Das Berühren der rechten Brust der bronzenen Julia-Statue von Nereo Constantini (1972) in Verona soll Glück bringen.

I2 Ein Verres oder ein verres?

a) Vergleiche die Wunschbeute mit der tatsächlichen Beute.

b) Erkläre mithilfe der Wortbildungslehre sigilla perparvula und imanissimus verres. Wie sähen sie aus, wenn du sie zeichnen müsstest? Stelle Hypothesen auf, welche Wirkung Cicero mit den Wortneuschöpfungen (Neologismus) erreichen will.

c) Untersuche auch folgende Formulierungen hinsichtlich der verwendeten Stilmittel.

- dant sese in fugam istius praeclari imperatoris nocturni milites
- Siculi aiebant in labores Herculis non minus hunc immanissimum Verrem quam illum Erymanthium <aprum> referri oportere.

d) Stelle Hypothesen auf, warum Cicero diese Anekdote eigentlich erzählt und was er damit erreichen will.

Quid aptum et decorum est? – Die Suche nach der passenden und angemessenen Formulierung

Bereits Aristoteles hat sich damit auseinandergesetzt, wie eine Rede konzipiert werden muss. Dabei sind drei Faktoren zu berücksichtigen: der Redende, der Zuhörer und der Gegenstand, über den geredet wird. Abhängig vom Hauptadressaten gibt es dafür den Begriff des aptum, des Angemessenen. Eine Rede ist dann angemessen, wenn sie in der Darstellung des Inhalts, in der Wahl des Redeschmucks und in ihrem Umfang der jeweiligen Redesituation, der Zuhörerschaft (z. B. Soldaten oder die Mitglieder des Senates), der Person des Redners (z. B. ein junger, unbekannter Anwalt oder ein ehrwürdiger Zensor) und dem Gegenstand (z. B. eine Verteidigungsrede oder eine Wahlkampfrede) entspricht.
Ein modernes Kommunikationsmodell unterscheidet die Wechselwirkung zwischen Sprecher und Zuhörer noch genauer. Besonders bekannt ist das "Vier-Ohren-Modell" von F. Schulz von Thun: Wenn ich als Mensch etwas von mir gebe, bin ich auf vierfache Weise wirksam. Jede meiner Äußerungen enthält, ob ich will oder nicht, vier Botschaften gleichzeitig:

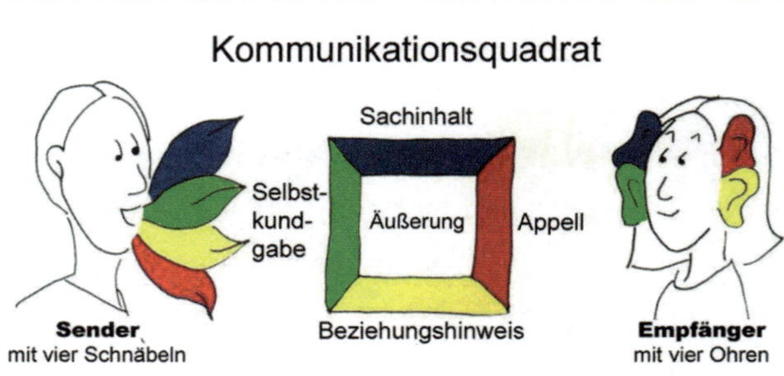

- eine Sachinformation (worüber ich informiere)
- eine Selbstkundgabe (was ich von mir zu erkennen gebe)
- einen Beziehungshinweis (was ich von dir halte/ wie ich zu dir stehe)
- einen Appell (was ich bei dir erreichen möchte)

Ausgehend von dieser Erkenntnis spricht Schulz von Thun von den „vier Schnäbeln" des Senders (Redner) und den „vier Ohren" des Empfängers (Zuhörer). Sowohl Sender als auch Empfänger sind für die Qualität der Kommunikation verantwortlich.

I3 Kommunikation

a) Stelle das antike Modell ebenfalls graphisch dar und vergleiche dann moderne und antike Kommunikationsvorstellungen.

b) Wende das Kommunikationsmodell von Schulz von Thun auf folgende Äußerungen Ciceros in der vorliegenden Episode an.

(...) simulacrum ipsius Herculis, quo non facile dixerim quicquam me vidisse pulchrius

tametsi non tam multum in istis rebus intellego quam multa vidi

I4 Verres 2.0 – ein Gedankenspiel 

Stell dir vor, Verres hätte sich heute mit Gewalt Zugang zu einem ausverkauften Popkonzert verschaffen wollen, sei aber von den Türstehern abgewiesen worden. Deshalb hat er nur ein Plakat aus dem Eingangsbereich mitgehen lassen. Verfasse den Zeitungskommentar, den ein moderner Cicero dazu schreiben würde.

Stilmittel

Rhetorische Mittel

Ein Stilmittel (rhetorische Figur/Stilfigur) ist ein Gestaltungsmittel, das im Rahmen der sprachlichen Ausformulierung einer Rede (elocutio) dem Redeschmuck (ornatus) dient.
Die rhetorischen Mittel beruhen in Wortwahl, Satzbau und Gedankenführung auf absichtlichen Abweichungen (ars) von der gewohnten Ausdrucksweise (natura) und von der Erwartung des Hörers. Sie werden also gezielt eingesetzt, um den Text für das Publikum interessant zu machen.
Bei der Analyse oder Verwendung rhetorischer Mittel geht es deshalb nicht um das bloße Auswendiglernen von Fachtermini, sondern darum, die Funtion der einzelnen Stilmittel zu verstehen.

I1 Begründe, weshalb folgende Kampagnen noch immer erfolgreich sind.

„Deutsche Bank – Leistung aus Leidenschaft"	„BILD dir deine Meinung!"	„Duplo – die wahrscheinlich längste Praline der Welt"	„Ratiopharm – Gute Preise. Gute Besserung."

Rhetorische Mittel lassen sich drei großen Gruppen zuordnen.
1. Klangwirkung
2. Spiel mit der Bedeutung der Wörter
3. Spiel mit Zahl und Reihenfolge der Wörter und Gedanken

I2 Ordne folgende rhetorische Mittel, die bei Cicero, aber auch in der heutigen Redekunst häufig verwendet werden, in die drei Kategorien ein und begründe deine Entscheidung (→ Sammelfolie Stilmittel).

Die Rhetorica ad Herennium (14. Jhd.) in der Biblioteca Apostolica Vaticana

Alliteration – Anapher – Antithese – Asyndeton – Chiasmus – Ellipse – Epipher – Euphemismus – Hendiadyoin – Homoioteleuton – Hyperbaton – Hyperbel – Inversion – Klimax – Lautmalerei (Onomatopoiia) – Litotes – Metapher – Metonymie – Paradoxon – Parallelismus – Paronomasie – Personifikation – Polyptoton – Polysyndeton – Praeteritio – rhetorische Frage – Trikolon – Vergleich

I3 Finde weitere in deinen Augen gelungene Werbesprüche. Begründe deine Auswahl unter Berücksichtigung der rhetorischen Figuren.

Text 8 Diana von Segesta

Segesta, im Westen von Sizilien gelegen, ist eine Stadt, die innenpolitisch selbstständig und ohne Verpflichtung zu Abgaben ist. Die Segestaner sind mit Rom aus Tradition und als Parteigänger im Ersten Punischen Krieg eng verbunden.

Fuit apud Segestanos ex aere Dianae simulacrum, cum summa atque antiquissima praeditum religione tum singulari opere artificioque perfectum. Colebatur a civibus, ab omnibus advenis visebatur; cum quaestor essem, nihil mihi ab illis est demonstratum prius. Erat admodum amplum et excelsum signum cum stola; verum tamen inerat in illa magnitudine aetas atque habitus virginalis; sagittae pendebant ab umero, sinistra manu retinebat arcum, dextra ardentem facem praeferebat. Hanc cum iste sacrorum omnium et religionum hostis praedoque vidisset, quasi illa ipsa face percussus esset, ita flagrare cupiditate atque amentia coepit. Imperat magistratibus, ut eam demoliantur et sibi dent; nihil sibi gratius ostendit futurum. Illi vero dicere sibi id nefas esse, seque cum summa religione tum summo metu legum et iudiciorum teneri. Iste tum petere ab illis, tum minari, tum spem, tum metum ostendere.

Diana *(Göttin der Frauen, der Sklaven, der Jagd)* • simulacrum 📖 • cum...tum sowohl...als auch (besonders) • praeditus *m. Abl.* versehen mit • singulare opus artificiumque einzigartige Kunstfertigkeit • advena, ae *m* Besucher • admodum äußerst • excelsus *hoch* • stola Stola *(langes Gewand der Frauen)* • habitus, us *m hier* Ausstrahlung • sagitta Pfeil • pendere herabhängen • arcus, us *m* Bogen • dextra <manu> • fax, facis *f* Fackel • praeferre *hier* vor sich her tragen • iste = Verres • religio → Ü2, S.34 • percutere (-cutio, -cussi, -cussum) *hier* anzünden • flagrare glühen • cupiditas atque amentia rasende Begierde *(Hendiadyoin)* • futurum <esse> • dicere, petere, minari, ostendere *(historische Infinitive)* • minari drohen • metum/spem Anlass geben zu...

Schließlich fassen die Segestaner tief betroffen einen Entschluss. Sie erfüllen das Ansinnen des Verres.

Videte, quanta religio fuerit apud Segestanos. Repertum esse, iudices, scitote neminem, neque liberum neque servum, neque civem neque peregrinum, qui illud signum auderet attingere; barbaros quosdam Lilybaeo scitote adductos esse operarios; ii denique illud ignari totius negotii ac religionis mercede accepta sustulerunt. Quod cum ex oppido exportabatur, quem conventum mulierum factum esse arbitramini, quem fletum maiorum natu? Quid hoc tota Sicilia est clarius, quam omnes Segestae matronas et virgines convenisse, cum Diana exportaretur ex oppido, unxisse unguentis, complevisse coronis et floribus, ture,

videte <iudices> • repertum esse...neque peregrinum *ordne* scitote neminem repertum esse, neque liberum neque servum, neque civem neque peregrinum • scitote = scite • peregrinus Fremder • Lilybaeo aus Lilybaeum *(Stadt an der Westküste Siziliens)* • operarius Arbeiter • ignari totius negotii ac religionis ohne Wissen um den religiösen Zusammenhang • merces, mercedis *f* Lohn • quod *relativischer Anschluss zu signum* • conventus, us *m* Auflauf • fletus, us *m* → flere • natu maiores die Älteren • quid hoc tota Sicilia est clarius quam was ist auf ganz Sizilien bekannter als die Tatsache, dass *AcI folgt* • unguere (unguo, unxi, unctum) bestreichen • unguentum Salböl • tus, turis *n* Weihrauch •

odoribus incensis usque ad agri fines prosecutas esse?

Equidem ceteris istius furtis atque flagitiis ita moveor, ut ea reprehendenda tantum putem; hic vero tanto dolore afficior, ut nihil mihi indignius, nihil minus ferendum esse videatur.

odor, is *m* Duft • prosequi (-sequor, -secutus sum) begleiten • ut ea reprehenda tantum putem dass ich diese für der Kritik würdig halte

T1 Textrekonstruktion

a) Lies den Text Z. 1-14 mehrmals durch und gliedere ihn aufgrund von Eigennamen/Personenangaben, Wiederholungen und Personalendungen in zwei Sinnabschnitte. Notiere wichtige Informationen und Schlüsselbegriffe.

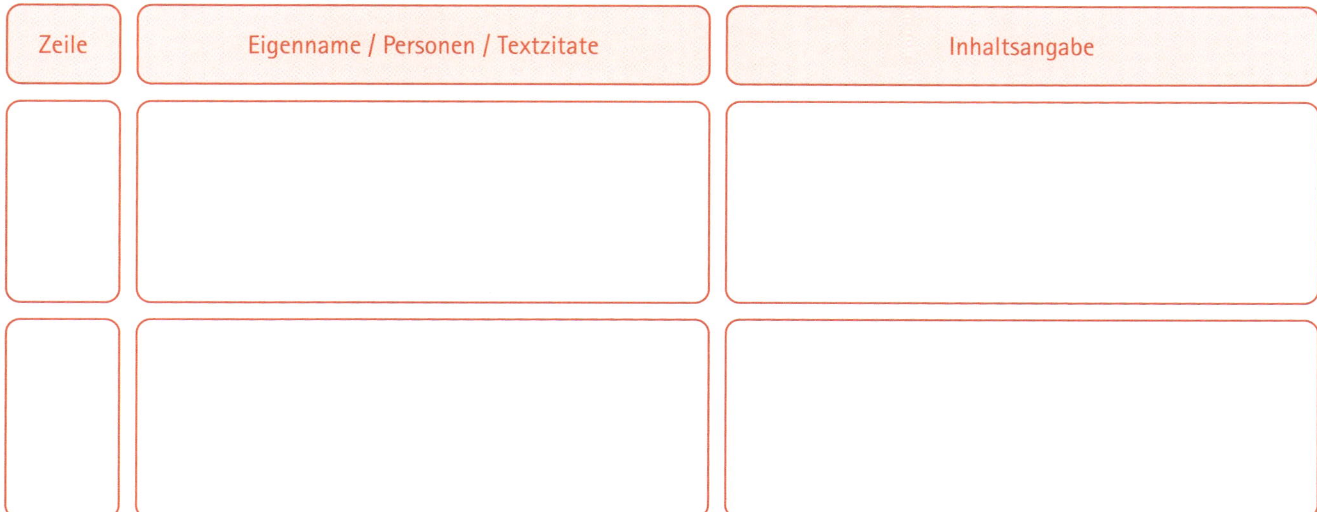

Zeile	Eigenname / Personen / Textzitate	Inhaltsangabe

b) Sammle möglichst viele Textbelege über das Aussehen der Diana. Wie müsste das Bild richtig aussehen? Korrigiere die nebenstehende Illustra-tion entsprechend oder fertige eine eigene Zeichnung an.

T2 Verres ließ sich auch durch eine Absage des Gemeinderates von Segesta nicht von seinem Vorhaben abbringen.

a) Übersetze den 1. Satz (Z. 15) und benenne das Thema des folgenden Textabschnittes.

b) Lies den zweiten Textteil nun aufmerksam (Z. 15-27). Worin zeigt sich die religio der Segestaner? Notiere die Personen/Personengruppen und entsprechende Stichworte zu ihrem Verhalten in der Tabelle.

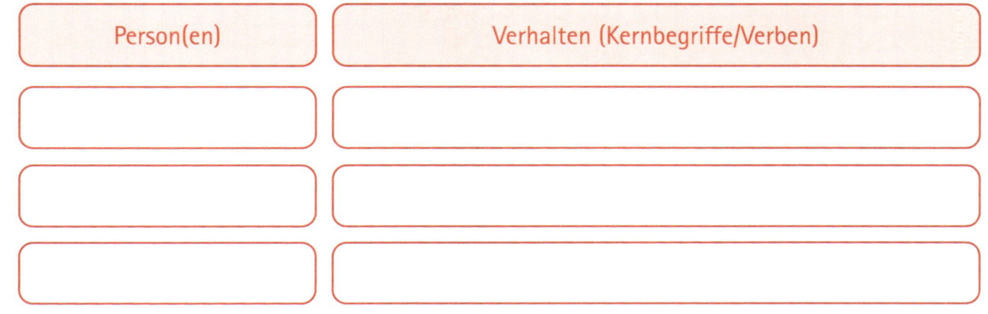

Person(en)	Verhalten (Kernbegriffe/Verben)

Ü1 Wortbildungslehre

Die Erschließung von lateinischen Vokabeln aus Fremdwörtern oder dem Englischen ist dir schon bekannt. Manchmal hilft dabei Findigkeit, manchmal die Wortbildungslehre. Erprobe deine Fähigkeiten.

artificium	ars + facere	→	
pervetus (Gen. perveteris)	per- (Verstärkung) + vetus alt	→	
virginalis, e	vgl. virgo + -lis (Adjektivendung)	→	
flagrare	Manchmal wird der Partner in flagranti erwischt.	→	

Ü2 Wortarten

Welches Wort passt nicht in die Reihe? Begründe deine Entscheidung.

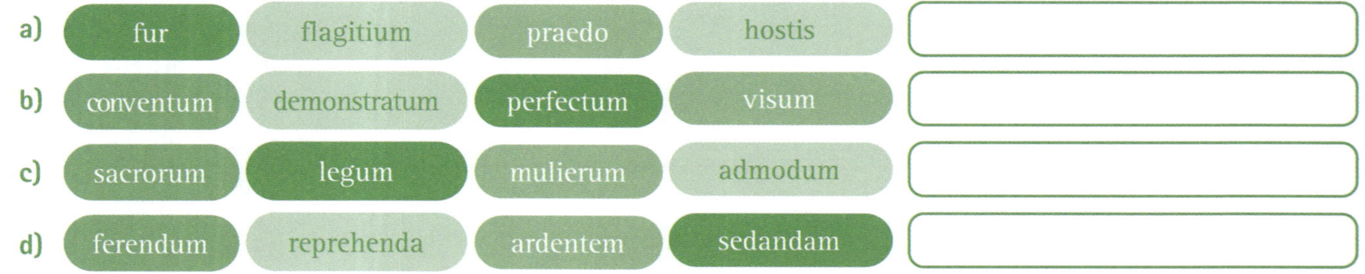

a)	fur	flagitium	praedo	hostis	
b)	conventum	demonstratum	perfectum	visum	
c)	sacrorum	legum	mulierum	admodum	
d)	ferendum	reprehenda	ardentem	sedandam	

Ü3 Genitiv

Übersetze sinnvoll und begründe.

metus legum et iudiciorum	
(operarii) ignari totius negotii ac religionis	

I1 Geraubt oder geschenkt?

a) Wähle einen der Umstehenden aus und beschreibe aus dessen Sicht, was in Segesta passiert ist.

Mitglied des Gemeinderates von Segesta

Helfer des Verres

Priester aus Segesta

Segestanerin

b) Zeige an ausgewählten Beispielen, welcher sprachlich-stilistischen Gestaltungsmittel sich Cicero bedient, um die Zuhörer zu beeindrucken.

c) Hat Verres die Statue geraubt oder wurde sie ihm freiwillig überlassen? Welche Position vertritt Cicero? Begründe deine Position.

I2 Cicero – ein Frauenversteher?

a) Cicero hebt in seiner Darstellung die Trauer der Frauen und Mädchen von Segesta besonders hervor. Erkläre den Befund mithilfe des Infokastens.

b) Vergleiche die Frauendarstellung mit der in Text 3. Stelle Vermutungen an, welche Funktion diese Argumentationslinie von Cicero für die Anklage hat.

Diana von Segesta – Gottheit und Kultbild

Die Diana von Segesta war eine uralte einheimische Göttin. Sie war ursprünglich die Göttin der Jagd und die Herrin der Tiere. Im Mythos hatte Diana von ihrem Vater Zeus ewige Jungfräulichkeit erbeten; ihr Gefolge bestand aus einer Schar von Nymphen. Sie galt daher besonders als Beschützerin der Frauen, so auch in Rom, wo jährlich am 13. August ein Fackelzug der Frauen zu ihren Ehren stattfand und wo eines ihrer Heiligtümer sogar für Männer verschlossen war.

Von Diana/Artemis gibt es eine große Menge antiker Statuen. Eine feste Zuordnung zu der von Cicero beschriebenen ist bisher nicht gelungen. Die Vielzahl der Statuen entspricht griechischer Religiosität. Das Götterbild war die Gottheit selbst und nicht nur ihr Abbild. Kultbilder wurden mit Opfergaben ernährt und konnten auch, wenn der Gott nicht fürsorglich war, bestraft werden. Die Tatsache, dass es mehrere Kultbilder der Gottheit an verschiedenen Orten gab – der Diana/Artemis z. B. in Segesta, Ephesos oder Rom – , erklärte man sich damit, dass sich die Gottheit in mehrere Persönlichkeiten aufgespalten hatte, von denen jede unersetzbar war. Entfernte man ein Kultbild vom Ort, war das Heiligtum verödet, denn das Göttliche war quasi ausgezogen.

I3 Mehr als Kunst? 

Stell dir vor: Die Freiheitsstatue, der Eiffelturm oder der Kölner Dom werden beschädigt. Formuliere deine Stellungnahme in einem Social Media deiner Wahl oder beschreibe das Medienecho im Falle einer Zerstörung. Vergleiche deine Niederschrift mit der Situation nach dem Verlust der Diana.

Text 9 Gavius aus Consa

Im letzten Buch der Reden stellt Cicero dar, wie Verres wohlhabende römische Bürger behandelte. Einer von diesen war Gavius aus Consa, einer Stadt bei Neapel. Er war von Verres ohne Gerichtsverfahren in die Steinbrüche von Syrakus gesteckt worden. Ihm gelang die Flucht, doch kurz bevor er die Provinzgrenze überqueren konnte, wurde er gefasst.

Ipse inflammatus scelere et furore in forum venit; ardebant oculi, toto ex ore crudelitas eminebat. Exspectabant omnes, quo tandem progressurus aut quidnam acturus esset, cum repente hominem proripi atque in foro medio nudari ac deligari et virgas expediri iubet. Caedebatur virgis in medio foro Messanae civis Romanus, iudices, cum interea nullus gemitus, nulla vox alia illius miseri inter dolorem crepitumque plagarum audiebatur nisi haec: "Civis Romanus sum." Hac se commemoratione civitatis omnia verbera depulsurum cruciatumque a corpore deiecturum arbitrabatur; is non modo hoc non perfecit, ut virgarum vim deprecaretur, sed, cum imploraret saepius usurparetque nomen civitatis, crux, – crux, inquam, – infelici et aerumnoso, qui numquam istam pestem viderat, comparabatur. O nomen dulce libertatis! O ius eximium nostrae civitatis! Hucine tandem haec omnia reciderunt, ut civis Romanus in provincia populi Romani, in oppido foederatorum, ab eo, qui beneficio populi Romani fasces et secures haberet, deligatus in foro virgis caederetur? Quid? Cum ignes ardentesque laminae ceterique cruciatus admovebantur, si te illius acerba imploratio et vox miserabilis non inhibebat, ne civium quidem Romanorum, qui tum aderant, fletu et gemitu maximo commovebaris? In crucem tu agere ausus es quemquam, qui se civem Romanum esse diceret? Quid enim attinuit te iubere <crucem> in ea parte figere, quae ad fretum spectaret, et hoc addere – quod negare nullo modo potes, quod omnibus audientibus dixisti palam, – te idcirco illum locum deligere, ut ille, quoniam se civem Romanum esse diceret, ex cruce Italiam cernere ac domum suam prospicere posset?

ipse = Verres • inflammare entflammen • crudelitas 🕮 • ex ore eminere sich auf dem Gesicht zeigen • quo wohin, wie weit • hominem = Gavium • proripere hervorzerren • in foro medio mitten auf dem Forum • nudare entkleiden • expedire bereit machen • caedere (caedō, cecīdī, caesum) *hier* auspeitschen • crepitus, us *m* Klatschen • plaga Hieb • hac commemoratione civitatis durch diese Erwähnung seiner Bürgerschaft • verbera, orum *n Pl.* Schläge • se...depulsurum <esse> arbitrabatur er glaubte, dass er abwenden werde • deicere (-icio, -ieci, -iectum) fernhalten • non modo...sed nicht nur... sondern • hoc *Akk. Sg.* = dieses • deprecari durch Bitten abwenden • implorare flehen • usurpare erwähnen • crux 🕮 • infelici et aerumnoso *Dat. Sg.* für diesen Unglücklichen und Leidgeprüften • pestis, is *f hier* Folterwerkzeug • comparare *hier* aufrichten • eximius 🕮 • hucine...reciderunt, ut ist dies alles endlich so tief gesunken, dass • foederatus Verbündeter • fascis, is *m* 🕮 • securis, is *f* Beil *(der Liktoren)* • lamina 🕮 • admovere = ad+movere • si te illius acerba imploratio et vox miserabilis non inhibebat, ne civium quidem Romanorum wenn dich dessen erschütterndes Anflehen und seine klagende Stimme nicht zurückhielt, und auch nicht die der römischen Bürger • fletus, us *m* Weinen • quemquam *Akk. Sg. von* quisquam jemanden • quid enim attinuit *m. AcI* was hatte es zu bedeuten, dass • figere aufstellen, errichten • fretum Meerenge *(von Messina)* • et hoc addere quod negare nullo modo potes, quod...dixisti palam und dies noch hinzuzufügen, was du auf keinen Fall bestreiten kannst, da du es öffentlich gesagt hast • idcirco darum • Italia *(italienisches Festland)*

T1 In dieser Episode, die fast am Ende der gesamten Rede steht, kommt Cicero zu einem weiteren Höhepunkt seiner Anklage. Lies den gesamten Text mehrmals aufmerksam und möglichst laut.

a) Welche Personen sind an der Episode beteiligt? Beschrifte die Illustrationen mit den Namen.

b) Markiere im lateinischen Text Sachfelder und (sinntragende) Wiederholungen bzw. Variationen in verschiedenen Farben. Notiere diese anschließend in den Kästen.

Sachfelder	Wiederholungen

c) Markiere im lateinischen Text Formulierungen, die sprachlich oder stilistisch auffällig sind.

d) Formuliere das Thema der Episode mit eigenen Worten.

T2 Textinformationen zuordnen

a) Ordne den Personen in den Illustrationen oben Formulierungen/Sätze aus dem Text zu. Ergänze die Skizzen und die Sprech- und Gedankenblasen mithilfe weiterer Informationen aus dem Text.

b) Die Erzählung wird an den Stellen unterbrochen, an denen Cicero sich an die Richter oder Verres wendet. Markiere diese Stellen im lateinischen Text.

Ü1 Wortverbindungen

Verbinde die Redewendungen und übersetze.

in crucem	ex cruce	crucem	crux
Italiam cernere	figere	comparabatur	agere

Ü2 Wortschatz

Analysiere die Beschreibung des Verres und Gavius im Text (Verhalten/Aussehen) und notiere die Belegstellen.

Ü3 Konstruktionen

Unterstreiche entweder das Partizip mit Bezugswort oder den AcI-Auslöser, den Akkusativ und den Infinitiv. Kreuze an, welche Konstruktion jeweils vorliegt und übersetze.

	AcI	Pc	Abl. abs.
Civis Romanus in provincia populi Romani deligatus in foro virgis caederetur.			
... quoniam se civem Romanum esse diceret.			
Hac commemoratione se omnia verbera depulsurum esse arbitrabatur.			
... quod omnibus audientibus dixisti palam.			
... cum repente virgas expediri iubet.			

Ü4 Konjunktiv im Nebensatz

Ordne zu, um welche Art von Nebensatz es sich handelt.

a. Finalsatz – b. abhängiger Fragesatz – c. abhängiger Begehrsatz – d. Konzessivsatz – e. Relativsatz (2x)

1. **Exspectabant omnes, quo tandem progressurus aut quidnam acturus esset.**
2. **Idcirco illum locum delegisti, ut ille ex cruce Italiam cernere ac domum suam prospicere posset.**
3. **In crucem tu agere ausus es quemquam, qui se civem Romanum esse diceret.**
4. **Is non perfecit, ut virgarum vim deprecaretur.**
5. **Cum imploraret saepius usurparetque nomen civitatis, crux comparabatur.**
6. **Civis Romanus, qui fasces et secures haberet, deligatus in foro virgis caederetur?**

Avers eines römischen Denars mit dem Leuchtturm von Messana (ca. 40 v. Chr.)

I1 prius habeat orator rem: Die Ermittlung des sachlichen Kerns

a) Markiere den Ort des Geschehens und der Bestrafung auf der Karte hinten im Heft.

b) Lucius, ein eques Romanus aus dem Publikum, schreibt einen Brief an seine Verwandten in Rom. Formuliere diesen Brief.

I2 Pure Grausamkeit oder machtpolitisches Kalkül? 

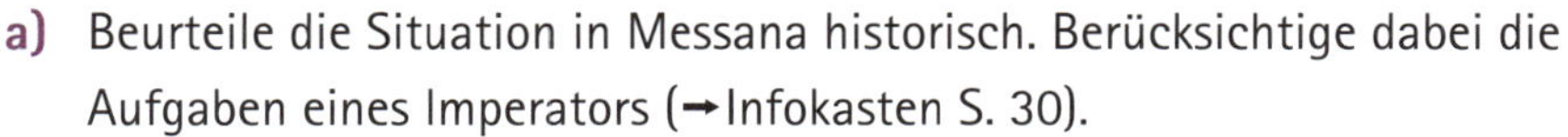

a) Beurteile die Situation in Messana historisch. Berücksichtige dabei die Aufgaben eines Imperators (→ Infokasten S. 30).

Römisches Recht

Das römische Bürgerrecht (civitas Romana) umfasste neben den Wahlrechten auch das ius provocationis: Römische Bürger durften vor Gericht klagen, hatten Anrecht auf ein ordentliches Gerichtsverfahren, durften nicht gefoltert und von Rechts wegen auch nicht gekreuzigt werden. Der Ruf civis Romanus sum hatte damit aufschiebende Wirkung.

Bei Kapitalverbrechen (crimen capitalis) – einer Anklage, die einen im wahrsten Sinne den Kopf kosten konnte – hatte jeder römische Bürger das Recht, sein Verfahren vor der Volksversammlung in Rom führen zu lassen.

Die Kreuzigung als im Orient und in der Antike verbreitete Hinrichtungsart sollte die Todesqual verlängern. Im Römischen Reich wurden vor allem Nichtrömer und entlaufene oder aufständische Sklaven gekreuzigt. Die Kreuzigung war eine politische Strafe zur Sicherung und Aufrechterhaltung der pax Romana nach innen und außen.

b) Suche ein aktuelles Beispiel, wo Menschen ähnlich hart betraft wurden wie Gavius.

I3 Gavius – ein wirkungsvolles Ende der Anklagerede? 

a) Oben wurde die These aufgestellt, dass dieses Kapitel ein Höhepunkt der Rede sei. Prüfe diese Behauptung, indem du das Vergehen, das Verhalten des Verres, das Verhalten der Zuschauer und die sprachliche Gestaltung betrachtest.

b) Besonders eindrucksvoll gestaltet Cicero die Geräuschkulisse in Z. 5–12. Schreibe einige Textbeispiele heraus. Achte auch auf Klangfiguren.

Stimme – Der Vortrag der Rede II

Gemäß einem Lehrbuch der antiken Rhetorik wäre für den Fall des Gavius eine Redeweise nötig, die die Gefühle der Zuhörer wie Wut oder Mitleid stimuliert. Hierbei soll man, wenn es z. B. um das Anfeuern von Wut geht, mit schneidender Fistelstimme, gemäßigtem vollen Ton, gleichbleibendem Klang, häufigen Veränderungen und größter Beschleunigung sprechen. Geht es dagegen um das Wehklagen, soll man mit verhaltener Stimme, wechselndem Klang, häufigen Pausen, langen Absätzen und großen Stimmveränderungen sprechen.

(vgl. *Auctor ad Herennium III 22–26*)

Cicero gegen Verres – Nach dem Prozess

I1 ACTA DIVRNA ROMANA

a) Zu Beginn des Prozesses hast du einen Zeitungsartikel für die ACTA DIVRNA ROMANA verfasst. Der Prozess ist nun zu Ende und Cicero hat die Verbrechen des Verres ans Licht der Öffentlichkeit gebracht. Verfasse für deine Zeitung einen abschließenden Artikel, in dem du nach dem Prozess Bilanz ziehst. Verschaffe dir als Grundlage noch einmal einen Überblick über die Rechtsverstöße des Verres und die Reaktionen der Opfer, indem du die Tabelle ausfüllst.

Text	Rechtsverstoß des Verres	Reaktion der Opfer
Verres		
Lampsaceni		
Antiochus		
Agrigentini		
Segestani		
Gavius		

b) „Verres in der Stadt"

Wie man aus Pompeji und anderen Orten weiß, drückte die Bevölkerung der Antike ihre Stimmung durch kurze Inschriften (Graffiti) aus. Diese Sitte haben (nicht nur) unterdrückte Völker heute noch. Versetze dich in die Situation der Siculi und erstelle ein Graffito auf Latein oder Deutsch.

Graffito im osttimoresischen Tutuala mit dem Wort für „Mörder".

Der Ausgang des Verres-Prozesses

Für einen Repetundenprozess waren zwei Verhandlungen vorgesehen. Aufgrund der umfangreichen Menge an Beweismaterial hätte sich der Prozess bis ins Folgejahr ziehen können und damit hätte die Gefahr bestanden, dass er verschleppt worden wäre. Cicero legte daher seine ganze Energie in eine kurze, wuchtige Anklagerede für die erste Verhandlung (In Verrem actio prima). Nach dieser Rede wartete Verres die zweite Verhandlung gar nicht mehr ab, sondern ging freiwillig ins Exil nach Massilia. Cicero veröffentlichte später neben dieser ersten kurzen, authentischen Rede sein gesamtes Anklagematerial in Form einer Anklagerede für die zweite Verhandlung. Diese zweite Rede ist aber nie gehalten worden, sondern ein literarisches Produkt.

I2 Cicero und die römischen Werte 

Zu Beginn der Lektüre wurde berichtet, wie es dazu kam, dass Cicero den Fall der Sizilier gegen Verres übernommen hat. Für Cicero war dies tatsächlich der Beginn einer großen Karriere. Noch immer wird kontrovers diskutiert, ob er mehr an seine eigene Karriere gedacht hat oder an das Wohlergehen des römischen Volkes. Was tatsächlich in seinem Kopf vorging, wird man wohl nicht mehr herausfinden können. Man kann sich nur aufgrund von Indizien positionieren.

a) Informiere dich über Ciceros weitere Karriere. Berücksichtige auch die Sammelfolie Ciceros Wertekosmos. 

b) Cicero ist Karrierist ⇔ Cicero ist ein guter Römer. Diskutiert eure Positionen (→Infokasten).

Ciceros Rede Pro Fonteio

Im Jahre 69 v. Chr. kommen die keltischen Allobroger aus der Provinz Gallia Narbonensis nach Rom, um Marcus Fonteius, der die Provinz in den Jahren 76–73 v. Chr. als Statthalter beherrscht hat, in einem Repetundenprozess anzuklagen. Cicero übernimmt diesmal die Rolle des Verteidigers: Auf die Argumente der Ankläger geht er dabei gar nicht ein. Vielmehr diskreditiert er, wo er nur kann, die gallischen Zeugen, nennt sie ungeschlachte und unerträgliche Ausländer, die nur eines im Sinn haben, nämlich Rom zu schädigen. Daher hätten sie auch Fonteius angeklagt, der ein tüchtiger Feldherr sei und im Kriegsfall Rom beschützen könne. Die schlechte Anklage der Provinzialen dürfe vor Gericht nicht siegen, wenn die römische Herrschaft Bestand haben soll; die Allobroger führten hier Krieg mit anderen Mitteln.
Ganz zum Schluss wendet sich Cicero persönlich an die Richter und appelliert an sie, dass es für Fonteius ehrenhafter gewesen wäre, im Geschosshagel der Gallier zu sterben als nun ihrem Meineid zum Opfer zu fallen. Die Richter sollten mehr ihren eigenen Zeugen glauben als irgendwelchen Ausländern.

I3 Rhetorik-Ratgeber

a) Erstelle nun aus dem Material einen eigenen Rhetorik-Ratgeber. Überlege, welches Medium du verwenden möchtest, z. B. Broschüre, ppt-Präsentation, Film oder Hörbuch.

b) Drehe die Kopfstandfigur vom Beginn des Rhetorik-Kurses (→S. 7) „vom Kopf auf die Füße", indem du die „richtigen" Tipps formulierst.

c) Überreden oder überzeugen? Entscheide dich für eine der beiden Situationen oder wähle eine eigene und wende deine Rhetorikkenntnisse an.

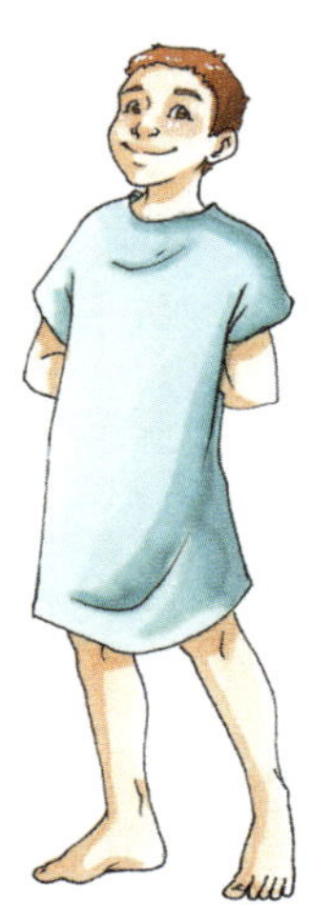

Plünderungen des Verres

1 Schiffsladungen mit von Verres geplünderten Gegenständen sind bei Sturm gesunken. Birg diese aus dem Wasser und ordne sie mithilfe des Internets den entsprechenden Orten zu.

2 Ein wichtiger Ort fehlt noch auf der Insel: Das Hauptquartier von Verres. Recherchiere die geographische Lage und markiere den Ort.

Warum? Kinder erklären sich die Welt

Philosophische Nachdenkgespräche im Kindergarten

Impressum

Warum? Kinder erklären sich die Welt
Philosophische Nachdenkgespräche im Kindergarten

Autor
Alexander Scheidt

Titelfoto / Fotos
Barbara Dietl – www.dietlb.de

Gestaltung
Eleonora Weber, Linda Schirona, Anna Neumann

Lektorat
Michael Fink, Janine Parpart, Ines Tabbert

Druckerei
Druckerei Uwe Nolte, Iserlohn
Gedruckt auf chlorfrei gebleichtem Papier

Nachwort
Frauke Hildebrandt

Verlag
Bananenblau UG (haftungsbeschränkt)
Der Praxisverlag für Pädagogen
Arkonastr. 45–49
13189 Berlin

Telefon: 030 477 96 0
Telefax: 030 477 96 204
E-Mail: info@bananenblau.de
www.bananenblau.de

ISBN 978-3-942334-19-8

Die Gespräche aus diesem Buch sind in einem KLAX-Kindergarten in Berlin geführt worden.
Die Fotos wurden in der KLAX-Vorschule Regenbogenhaus in Berlin aufgenommen.

Inhalt

Vorwort

Vorstellungskraft ist wichtiger als Wissen. Denn unser Wissen ist begrenzt, während die Vorstellungskraft die gesamte Welt umfasst, den Fortschritt stimuliert und evolutionäre Prozesse ins Leben ruft.

Albert Einstein

Ein kleiner Übersetzungsfehler verändert den Sinn: Bestimmt kennen Sie das angebliche Zitat von Einstein, wonach Fantasie wichtiger als Wissen sei. Klingt gut, aber Einstein meinte nicht Fantasie, sondern Vorstellungskraft. Einsteins Entdeckung der Relativitätstheorie beruhte darauf, dass er sich das Weltall in einer Form vorstellen konnte, wie es vorher noch nicht gedacht worden war. Was für eine interessante Sache, diese Kraft, die es seinem Besitzer ermöglicht, neue Dinge zu denken!

Der Vorstellungskraft begegnen wir in Gesprächen mit Kindergartenkindern häufig. Wie die Dinge um sie herum zusammenhängen und entstanden sind, darüber entwickeln Kinder Erklärungsversuche, die oft auf bereits gemachten Erfahrungen und Fantasie aufbauen. Als Erwachsene reagieren wir darauf oft mit Schmunzeln, entdecken vielleicht gar eine sehnsuchterfüllende Leichtigkeit, die uns Großen fehlt – oder überlegen, ob wir das nicht besser schnell korrigieren, was sich das Kind da denkt. Nichts davon wird den Kindern gerecht: Ein Kind, das dabei ist, sein Weltwissen zu komplettieren, ist weder niedlich noch ein Vorbild für erwachsene Lebenswelten – und auf dem Holzweg ist es auch nicht, auch wenn seine Theorien aus unserer Sicht falsch sind. Kinder suchen Erklärungen, stellen Thesen auf und überprüfen diese. Dabei nutzen kleine Kinder jede Gelegenheit – seien es direkte Fragen an den Erwachsenen, das Fernsehen, eine Beobachtung auf dem Spielplatz oder Informationsfetzen aus mitgehörten Erwachsenenunterhaltungen.

Kleinkinder entwickeln ihr Wissen und ihre Vorstellung von der Welt zunächst ohne unser erwachsenes Zutun. Das Kindergartenkind jedoch sucht die Auseinandersetzung mit uns Wissenden, indem es Fragen stellt und kaum mit einer Antwort zufrieden ist. Das „Warum-Zeitalter" hat begonnen und ist für Eltern und Pädagogen eine wahre Herausforderung. Wie aber damit umgehen, wenn das Kind ständig fragt und jede Antwort mit einem „Warum" gekontert wird? Müssen wir Erwachsenen uns Sorgen machen, wenn wir nicht auf jede Frage der Kinder eine perfekte Antwort geben können, zum Beispiel die Jahreszahl des Aussterbens der Dinosaurier nicht wissen oder nicht genau erklären können, wie eine Impfung funktioniert?

Unsere Gespräche mit Kindern im Vorschulalter zeigen: Das Weltwissen von Vorschulkindern ist sehr unterschiedlich. Den Bestseller von Donata Elschenbroich „Das Weltwissen der Siebenjährigen" haben viele Eltern und Pädagogen missverstanden, als gäbe es endlich einen Katalog an unumgänglichen Bildungsinhalten für eine gute Zukunft des Kindes. Doch jedes Kind entdeckt die Welt auf seine

Weise, auf seinen Wegen – und auch über seine persönlichen Lieblingsthemen.
Der eine versteht, was Vergangenheit bedeutet, über sein Interesse an Dinosauriern, während für den anderen Prinzessinnen der Schlüssel dazu sind. Natürlich spielt es eine große Rolle, welches Wissen das Elternhaus mitgibt – aber nicht in Bezug auf die Vorstellungskraft und die Neugier darauf, sich die Welt zu erschließen. Unabhängig vom sozialökonomischen Hintergrund der Familie, eint Kinder, dass sie Vorstellungen darüber entwickeln wollen, warum der Mond scheint oder Pflanzen wachsen.

Trotzdem ist es uns allen nicht immer fern, uns über die scheinbare Weisheit von einzelnen, besonders pfiffig theoretisierenden Kindern zu begeistern: Der neunmalkluge Max aus der Vorschulgruppe, der zu allen Themen vom Urknall bis zum Nahostkonflikt fast vollständig richtige Erklärungen abgeben kann, scheint der verträumten und in Märchenfantasien schwelgenden Ella überlegen. Mit Sicherheit werden viele Pädagogen und Eltern in Max den erfolgreichen Schüler sehen, hingegen bei Ella an Schulprobleme und Förderbedarf denken.

Aber hat es Max, der all die klugen Erklärungen von seinen wissenden Eltern erfahren hat, nicht sogar viel schwerer, weil ihm vor lauter scheinbarem Wissen die Chance fehlt, neue Entdeckungen zu machen und aktuelle Irrtümer aufzudecken? Hindert das richtige Hersagen von Fakten nicht dabei, Zusammenhänge zu verstehen und Hintergründe zu erkennen? Wir Großen wissen Antworten auf viele Fragen. Gewohnt den Kindern etwas zu vermitteln, sind wir schnell dabei, ihren Fragen zuvorzukommen und ihnen den aktuellen Wissensstand unserer Zeit weiterzugeben. Aber unsere Vorgehensweise ist nicht geeignet, die fehlenden Stellen im Weltbild der Kinder auf diese Art und Weise zu ergänzen: Je mehr Wissen wir den Kindern zu früh weitergeben, desto weniger Raum bleibt der Vorstellungskraft! Wer für alles eine Erklärung hat – die er im einzelnen freilich oft nicht versteht – braucht und kann sich schlecht ein Bild davon machen. In der Zusammenarbeit und dem Zusammenleben mit Kindern ist es für ihre Entwicklung förderlicher, reichlich Fragen zu stellen und mit Antworten sparsam umzugehen. Es ist wichtig, Vorstellungskraft anzuregen, zu achten und zu fördern und Wissen wachsen zu lassen, anstatt es zu vermitteln.

In dem vorliegenden Buch dokumentiert der Philosoph Alexander Scheidt neun Gespräche mit sechsjährigen Kindern aus einem KLAX-Kindergarten in Berlin. Die Fragestellungen entsprechen stets dem aktuellen Interesse der Kindergruppe. Zu jedem Gesprächsteil liefert er Hinweise und Ratschläge zum Führen von Gesprächen mit Kindern und ergänzt diese durch erläuternde Kommentare.

Wir wünschen Ihnen viel Spaß beim Einblick in die Kindergedanken zum Weltraum, zu Leben und Tod und bei der Einsichtnahme in die kindliche Sicht auf das Zusammenleben mit Erwachsenen. Bitte widerstehen Sie dabei dem Drang, das schlaueste Kind der Kindergruppe zu nominieren

Antje Bostelmann und Michael Fink
Januar 2011

Um den Lesefluss nicht zu behindern, haben wir im Fließtext mal die weibliche, mal die männliche Form gewählt. Es dürfen sich aber immer beide Geschlechter angesprochen fühlen.

Einleitung – Warum dieses Buch?

Gibt es etwas, das für die Bildung in der frühen Kindheit besonders wichtig ist? Ja, es lässt sich sogar genau in Worte fassen: Es ist die geistige und emotionale Zuwendung im Gespräch. Bildung ist nicht die Vermittlung von Faktenwissen, sondern die Aneignungstätigkeit jedes einzelnen Kindes. Diese Aneignungstätigkeit braucht die Interaktion mit anderen Kindern und Erwachsenen.

Die große Bedeutung der sozialen Erfahrung für den Bildungsprozess wird heute von den Neurowissenschaften und der Bildungsforschung immer wieder hervorgehoben: Gerade für die kognitive Entwicklung ist die Kommunikation über das gemeinsame Handeln ein unverzichtbares Element. Kinder fordern diese Kommunikation ein, indem sie immer wieder Fragen stellen: „Warum ist das so?"

Hinter diesem kleinen Wörtchen „Warum?", mit dem Kinder Erwachsenen die sprichwörtlichen Löcher in den Bauch fragen, steckt ein elementares Bedürfnis des menschlichen Verstandes, nämlich sich die Welt zu erklären. Doch statt auf die Fragen der Kinder schnell die eine, unserer Auffassung nach richtige Antwort zu geben, sollten wir die Fragen der Kinder so oft es geht zum Anlass für ein Gespräch nehmen. Schon, weil es dabei für beide Seiten etwas zu lernen gibt: Wenn wir in Gesprächen gemeinsam nachdenken, dann vernetzen wir unser Wissen, wir erfahren Bedeutung und stellen Klarheiten her. Mit Kindern zu philosophieren, mit ihnen über Gott und die Welt nachzudenken, ist also nicht nur eine wirksame Methode, Kinder in ihren kognitiven Entwicklungsprozessen zu unterstützen, sondern sie bietet auch Erwachsenen die Chance, eigene Gedanken neu zu denken.

Bereits vor über 2000 Jahren wussten Philosophen, dass der Schlüssel einer guten Pädagogik im gemeinsamen Erklären und Entdecken der Welt liegt. Als guter Lehrer galt ihnen nicht der allwissende Gelehrte, der seinem Schüler sein Wissen überstülpt, sondern der, der sich auf das jeweilige Vor-Verständnis einlassen kann. Auch heute gehört es zum guten pädagogischen Handwerkszeug, dass sich Pädagogen noch etwas von ihrer eigenen kindlichen Neugier auf die Welt erhalten. Die Fragen, die ein Kind stellt, sind für sie immer noch spannend, auch wenn sie schon viele Antworten kennen. Sie sind interessiert daran, was ein Kind darüber denkt, sie bieten ihre Antworten an, sie stellen Fragen, die ein Gespräch weiterbringen.

Wie aber sehen die meisten Sprechhandlungen zwischen Pädagoginnen und Kindern in der Kita tatsächlich aus? Wer dem Sprachhandeln in seiner Einrichtung einmal länger zuhört, mag feststellen: Eine überaus häufige Kommunikationsform im Alltag mit Kindern ist die Aufforderung, gewiss freundlich gesprochen, aber eben doch nur eine Handlungsanweisung: „Zieh bitte die Schuhe aus!" oder „Wascht euch die Hände und kommt zum Essen!" Genauso oft erklären Erzieherinnen den Kindern etwas, zum Beispiel bei einem Bildungsprojekt oder nach einer Kinderfrage. Diese Erklärungen sind oft wortreich – aber meist nur von Seiten der Erwachsenen. Zu echten Dialogen kommt es nur selten. Manchmal merkt man, wie vergebens es ist, Kindern auf diese Weise die Wunder der Welt darzulegen, wenn sie bei längeren Erklärungen irgendwann nicht mehr zuhören, obwohl sie die Frage anfangs so spannend fanden.

Viel häufiger sollte es mit Kindern Gespräche wie das Folgende geben: Es ist ein Dialog, der sich aus einer typischen Frage entwickelt, wie Kinder sie ständig stellen. Die fünfjährige Amelie will wissen: „Warum können Jungs keine Röcke anziehen?" Statt schnell eine Antwort zu liefern, gibt die Erzieherin die Frage an die anderen Kinder weiter: „Das ist eine spannende Frage! Was denkt ihr denn, warum das so ist?". Daraufhin antwortet Paul: „Na, weil manchmal andere Mädchen das lustig finden. Wenn ein Junge mit Rock in die Kita kommt, dann lachen die Mädchen den Jungen aus!" Und Sarah ergänzt: „Oder die Jungs." Nora bringt einen neuen Aspekt ein: „Oder Hosen! Mädchen können auch Hosen anziehen." Jetzt teilt die Erzieherin ihre eigene Beobachtung mit: „Stimmt! Mädchen ziehen Hosen an, aber Jungs nie ein Kleid?" Amelie vervollständigt diese Aussage mit dem Begriff, den sie in ihrer Ausgangsfrage verwendet hat: „Auch kein' Rock!" „Aber doch", sagt Sarah unvermittelt, „Das gibt es! So'ne Jungsröcke." Amelie ist sich nicht sicher, ob es weitere Ausnahmen gibt, doch ihr fällt ein: „Aber Strumpfhosen können Jungs anziehen." „Ja, ich hab welche", sagt Paul. Steve bestätigt: „Ich auch!" Er zeigt auf seine Strumpfhose: „Guck doch mal hier, das ist'ne Strumpfhose." Isa bringt ihr Weltwissen in das Gespräch ein: „Pippi Langstrumpf, die hat zwei verschiedene Strümpfe." Da fällt Nora noch etwas ein, was Mädchen und Jungs gemeinsam haben können, auch wenn es nicht typisch ist: „Aber was ganz anderes: Jungs können auch lange Haare haben!"

Schon dieser kurze Gesprächsausschnitt zeigt, warum Nachdenkgespräche für Kinder wichtig sind. Erstens: Die soziale Kompetenz wird durch diese Gespräche gefördert, denn sie machen Handlungsgründe und Handlungsziele deutlich. In dem Gespräch zum Beispiel unterhalten sich die Kinder über rollentypische Kleidung und entdecken, dass diese Zuschreibungen gar nicht so fest sind, wie wir oft glauben. Durch das dialogische Hin und Her des Nachdenkgesprächs machen Kinder also die Erfahrung, dass es verschiedene Perspektiven auf die Welt gibt und entwickeln so die Fähigkeit, die Meinung anderer besser nachzuvollziehen. Sie spüren die Gründe für unsere Denkweisen auf und üben sich im Argumentieren.

Zweitens: Nachdenkgespräche fördern die Sprachkompetenz. Kinder erweitern in den Gesprächen ihre Fähigkeit, auch komplizierte Gedanken auszudrücken. Sie unterscheiden Begriffe und finden die richtigen Wörter, um ihre Gedanken wiederzugeben, sie bauen komplexe Sätze, um Begründungen zu liefern, sie entwickeln sprachliche Kreativität („So'ne Jungsröcke"), um ihr Wissen in Worte zu fassen. Da Sprechen und Denken direkt miteinander verbunden sind und ein Dialog immer einiges an Sprachlogik erfordert, schärfen Nachdenkgespräche die Denkfähigkeit. Kinder profitieren also davon, denn sie werden in ihrem Mut bestätigt, selber nachzudenken.

Drittens: Nachdenkgespräche unterstützen den Wissenserwerb. Wichtiger, als Kindern wissenschaftliche Erklärungen zu geben, ist es, mit ihnen den Prozess der Wissenschaft selbst nachzuvollziehen. Eine Grundbedingung hierfür bringen Kinder mit: ihre Neugier. Wenn Kinder Fragen stellen, wie Amelie es tut, dann unternehmen sie den ersten Schritt des wissenschaftlichen Denkens. In Nachdenkgesprächen wird dieser Weg dann konsequent weitergegangen. Beobachtungen werden rekapituliert, Vermutungen geäußert, (Gedanken-)

Experimente durchgeführt und Theorien aufgestellt. Diese Fähigkeit zur wissenschaftlichen Methode, die unser Wissen in neue Zusammenhänge stellt, kritisch überprüft und schließlich erweitert, ist eine Schlüsselkompetenz in der heutigen Gesellschaft.

Wer mit Kindern pädagogisch arbeitet, erkennt schnell den Wert von Gesprächen, die über alltägliche Handlungsanleitungen und das Erzählen von Anekdoten hinausgehen. Die aktuelle Forschung zur Pädagogik der frühen Kindheit bestätigt diese Beobachtung und hebt die Bedeutung von Nachdenkgesprächen für die Qualität von Kindertageseinrichtungen hervor. In einer breit angelegten Studie in englischen Kindergärten wurde festgestellt, dass gemeinsames Nachdenken „eine notwendige Voraussetzung besonders effektiver Früherziehung"[1] ist. Die Situationen, in denen Erwachsene und Kinder über Themen und Fragen nachdenken, werden auf Englisch als *sustained shared thinking* bezeichnet.

„Man spricht von solchen *gemeinsam geteilten Denkprozessen,* wenn zwei oder mehr Individuen zusammen einen gedanklichen Weg einschlagen, um ein Problem zu lösen, ein Konzept zu konkretisieren, eine Aktivität zu bewerten, eine Geschichte weiterzuerzählen usw. Beide Parteien müssen zu diesem Denkprozess beitragen und das jeweilige Verständnis über ein Problem bzw. einen Sachverhalt entwickeln und erweitern."

In der englischen Studie zeigte sich, dass in den besten Kindertageseinrichtungen häufig solche gemeinsamen Denkprozesse angeregt werden. Gerade wenn Kinder zu Hause kein denkanregendes Lernumfeld vorfinden, ist es wichtig, dass die Pädagoginnen in der Kita die Kinder zum Nachdenken anregen und auch die Eltern dabei unterstützen, die Nachdenkgespräche zu Hause fortzusetzen.

Viele Pädagogen werden sich beim Lesen dieses Buches an Situationen aus ihrer eigenen Kita-Praxis erinnern und feststellen, dass sie die Methode des gemeinsamen Nachdenkens im Alltag bereits häufig anwenden. Denn das gemeinsame Reflektieren über uns selbst, über die Natur oder die Dinge des täglichen Lebens liegt ganz nah am Kern, was Pädagogik neben der emotionalen Unterstützung überhaupt ausmacht: nämlich Raum geben, die Welt zu erkunden, um sie gemeinsam besser zu verstehen. Die englische Praxisberaterin Kathy Brodie erklärt auf ihrer Internetseite[2], was sich für sie hinter dem Fachausdruck *sustained shared thinking* verbirgt:

„Es handelt sich dabei um diese wunderbaren Momente, die man erlebt, wenn man mit einem Kind völlig in ein Gespräch oder in eine Aktivität eingetaucht ist, wo beide Seiten wirklich etwas entdecken wollen. Es sind diese Situationen, von denen man oft jemand anderem erzählen will – ‚Josh und ich hatten gerade ein tolles Gespräch über die Tauben seines Opas. Kommt und guckt alle, was wir gebaut haben!' – es sind jene Momente, die einen gedankenvoll zurücklassen, sodass man in einem ruhigen Augenblick noch einmal über das Gespräch nachdenkt."

Der Vorteil von Nachdenkgesprächen ist, dass sie als Methode frühkindlicher Bildung enorm wirkungsvoll und in der Praxis relativ leicht umzusetzen sind. Es bedarf keiner speziellen

1 Sylva, K. u. a.: The Effective Provision of Pre-School Education Project – Zu den Auswirkungen vorschulischer Einrichtungen in England. In: Faust, G. u.a.: Anschlussfähige Bildungsprozesse im Elementar- und Primarbereich. Klinkhardt Verlag, Bad Heilbrunn 2004, S. 154.

2 Brodie, Kathy: http://www.kathybrodie.com/viewpoint/sustained-shared-thinking-important/ (Stand 24.03.2011). Übersetzung Alexander Scheidt.

Vorbereitung oder aufwendiger Materialien. Zwar brauchen Nachdenkgespräche Zeit und die Möglichkeit, sich einer kleineren Gruppe von Kindern intensiv zu widmen, aber denkanregende Impulse lassen sich auch beim Anziehen, beim Essen oder beim Warten auf den Bus setzen. Entscheidend sind unsere Bereitschaft, auf die Fragen der Kinder wirklich einzugehen, und unsere Freude daran, selbst mit neugierigen Augen auf die Welt zu blicken.

Dennoch erfordert die kognitiv anregende Gesprächsführung mit Kindern, wie jede pädagogische Qualifikation, ein Wissen über Methoden und ein gewisses Maß an Erfahrung. Darum dieses Buch: Es soll zeigen, wie Kinder denken, und es soll Praxistipps geben, wie Nachdenkgespräche im Kindergarten gestaltet werden können. Außerdem soll es Hintergrundwissen liefern, warum denkanregende Gespräche für die Bildungsarbeit in Kindergärten fundamental wichtig sind. Vor allem aber soll es motivieren, mit Kindern spannende Gespräche über „Gott und die Welt" zu führen.

Wie dieses Buch aufgebaut ist

In jedem der folgenden Kapitel des Buches begegnen Ihnen mehrere Textsorten. Zunächst führen wir Sie jeweils in ein lohnendes Thema für ein Nachdenkgespräch ein – immer sind es Fragen, die sich aus dem Miteinander mit den Kindern ergaben.

Auf den folgenden Seiten können Sie ein Nachdenkgespräch quasi live mitverfolgen. Die Aufzeichnungen der Gespräche entstanden im Rahmen eines Philosophie-Projekts mit Kindern im Vorschulalter. Die Niederschrift wurde nur geringfügig bearbeitet – indem „ähs" und kleinere Störungen gekürzt wurden –, sodass Sie die manchmal überraschenden Gedankensprünge der Kinder und die Vorgehensweise des Moderators mitverfolgen können.

Anschließend findet sich ein längerer Kommentar zu dem Gespräch, der die Inhalte und den Gang des Gesprächs noch einmal rekapituliert. Ergänzt wird dieser Abschnitt durch konkrete Tipps für Moderatorinnen von Nachdenkgesprächen. Zusatzinformationen zu den diskutierten Inhalten, die den Gesprächen vorangestellt sind, sollen Ideen liefern, wie sich die Themen weiter aufgreifen lassen.

Es gibt eine Menge guter Fragen zum Sinn, zum Inhalt und zu schwierigen Situationen in Nachdenkgesprächen. Sie werden in den Textabschnitten mit dem großen Fragezeichen beantwortet.

Ein paar einfache Grundregeln für Nachdenkgespräche:

- **Gespräche in kleinen Gruppen:**
  Führen Sie Nachdenkgespräche mit einer überschaubaren Anzahl von Kindern. Nachdenken und Sprechen brauchen Zeit und Ruhe. Bei Gruppen mit mehr als sieben Kindern fällt es schwer, längere Gedanken auszuformulieren und den anderen zuzuhören.

- **Am Anfang steht eine Kinderfrage:**
  Eröffnen Sie das Gespräch mit einer Frage, die ein Kind gestellt hat oder ermutigen Sie

die Kinder, zu fragen, was sie gerne wissen möchten. In der Regel stellen die Kinder dann mehrere Fragen, von denen jede einzelne ein spannender Anlass zum Weiterdenken ist oder die Möglichkeit bietet, im Rahmen eines kleinen Forschungsprojekts gemeinsam nach Antworten zu suchen. Stellen Sie sicher, dass Fragen, die im Augenblick nicht behandelt werden, nicht gänzlich unter den Tisch fallen, sondern bei einer anderen Gelegenheit aufgegriffen werden.

- **Nur solange, wie es die Kinder interessiert:** Planen Sie keinen festen Zeitrahmen für Ihre Gesprächsrunden, sondern lassen Sie sich auf längere und kürzere Gespräche ein. Das Gespräch sollte sich vorwiegend auf die Interessen der Kinder begründen und nur solange aufrecht erhalten werden, wie die Kinder Konzentration aufbringen. Gestalten Sie die Gesprächssituationen offen, sodass Kinder hinzukommen oder sich entfernen können. Führen Sie aber das Gespräch mit interessierten Kindern weiter. Nachdenken kann man überall, auch beim Spaziergang, beim Spiel, drinnen und draußen.

- **Kein innerer Lehrplan, sondern Offenheit für gemeinsames Denken!** Setzen Sie sich – und in der Folge auch die Kinder – nicht durch einen inneren Lehrplan unter Druck! Planen Sie nicht, was Sie unbedingt im Gespräch vermitteln wollen. Dass manche Gespräche kurz sind oder sprunghaft das Thema gewechselt wird, entspricht der Realität des Kindergartens und der Art und Weise wie jüngere Kinder miteinander diskutieren. Es geht in Nachdenkgesprächen nicht darum, etwas letztlich zu klären oder endgültige Ergebnisse zu erhalten. Vielmehr geht es darum, in der Kita eine Atmosphäre zu schaffen, in der das Fragenstellen und das gemeinsame Nachdenken jederzeit willkommen sind und zur Alltagskultur gehören.

Wie ist der Mensch entstanden?

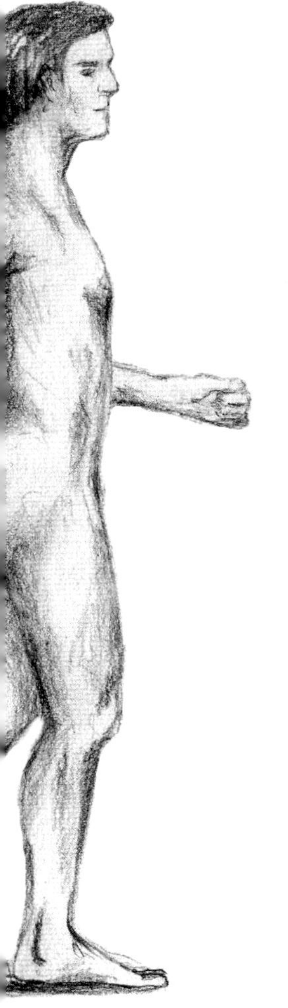

Der Mensch stammt vom Affen ab – stimmt das eigentlich? Ganz so geradlinig wie das bekannte Bild aus den Schulbüchern suggeriert, verlief die Evolution des Menschen aber nicht. Denn es gab noch andere (Vor-)Menschenarten, die heute ausgestorben sind. Nach heutigem Stand der Wissenschaft haben Mensch und Schimpanse aber tatsächlich einen gemeinsamen Vorfahren, der vor ca. 7 Millionen lebte.

Doch bleibt die große Frage: Wie haben wir uns zu Menschen entwickelt, die sprechen, nachdenken und Wissenschaft betreiben können und andere Tiere nicht? Auch die moderne Paläanthropologie hat noch sehr wenige Antworten darauf, denn Skelettfunde, aus denen man die Stammesgeschichte rekonstruieren kann, sind selten. Als Darwin im Jahre 1895 seine Evolutionstheorie veröffentlichte, war es für die meisten seiner religiösen Zeitgenossen nicht vorstellbar, dass nicht Gott den Menschen erschaffen hat. Die Evolutionstheorie war sicherlich ähnlich unglaublich für sie, als würde man heute behaupten, die Menschheit stamme von Außerirdischen ab.

Für Nachdenkgespräche mit Kindern ist dieses Vermuten und Nichtwissen eine herrliche Ausgangsposition: Die Frage, ob die Ideen der Kinder mit der Wirklichkeit übereinstimmen oder nicht, brauchen wir uns bei diesem Thema weniger stellen. Stattdessen können wir gemeinsam mit den Kindern die folgende, ungleich spannendere Frage beantworten: Wie könnte es gewesen sein?

„Was wäre, wenn überhaupt nichts mehr da wäre?"

Zum Zuhören einer Geschichte hat sich eine Gruppe von Kindern eingefunden: Aylina (6), Lena (5), Paul (5), Tim (5), Jan (6) und Sophie (6). Nachdem Alexander die Geschichte „Der Elefant von Bagdad"[3] *erzählt hat, leitet er das Gespräch mit einer Frage ein, die ihn selbst als Kind beschäftigt hat.*

Alexander **Wisst ihr, was ich mich als Kind selbst oft gefragt habe? Ich habe mich gefragt: Was wäre, wenn überhaupt nichts mehr da wäre?**

Aylina Auch nicht die Welt?

Alexander **Auch nicht die Welt.**

Paul Gar nichts.

Tim Dann wären wir auch gar nicht da.

Jan Und dann gäbe es alle Lebewesen nicht.

Aylina Aber auch keine Steine, kein Land und nix …

---

3 Aus: Piquemal, Michel: Philo fabelhaft. 63 Fabeln aus aller Welt und ihre philosophische Bedeutung. Moses Verlag, Kempen 1. Auflage 2004.

Paul Genau! Und keine Planeten im Weltall.

Aylina Ja, dann gäb's auch keinen Himmel!

Jan Und dann gibt's auch keine Luft, weil es die Atmosphäre nicht gibt. Die Atmosphäre ist eine Lufthülle um die Erde.

Aylina Aber die Luft, die ist ja gar nicht mehr da!

Jan Ja. Nur wegen der Atmosphäre gibt es hier Luft auf der Erde.

Alexander **Irgendwie können wir uns kaum vorstellen, dass nichts mehr da ist. Dann wären wir selbst nicht mehr da. Aber da frage ich mich: Wie kommt es eigentlich, dass das alles da ist? Diese ganz verschiedenen Dinge, die es gibt und die ihr eben aufgezählt habt?**

Jan Der Gott kann zaubern und so hat der das alles hergezaubert. Das glaubt unsere Region.

Alexander **Wer glaubt das?**

Jan Unsere Region.

Alexander **Unsere Region?**

Jan Ja, die Christen.

Alexander **Du sagst, die Christen in unserer Region – in der Gegend, in der wir leben, aber auch anderswo – glauben, dass Gott die Welt erschaffen hat. Aber gibt es noch andere Möglichkeiten, wie die Welt entstanden sein könnte?**

Tim Die Welt könnte auch ... Also es gab mal einen riesigen Urknall und da ist alles hergekommen.

Sophie Ja, also die Menschen sind so entstanden: Die ersten Tiere waren entstanden. Also, es gab einmal so ganz kleine Zellen, da sind ganz viele Tiere rausgekommen, danach. Und dann vor langer Zeit, dann waren da so Affen, so Spezial-Affen, und die haben die Menschen gebracht.

Lena Das waren wir ja! Du warst auch'n Affe.

Alexander **Meinst, ich war mal ein Affe?**

[Alle lachen]

Tim U-a-a! U-a-a!

Sophie Wir sind noch Affen!

Alexander **So jetzt habt ihr gesagt: Ich war mal ein Affe, Sophie sagt sogar, wir sind noch Affen ... Aber wie sind wir denn dann vom Affen zum Menschen geworden?**

Tim Na, du hast dich entwickelt!

Alexander **Entwickelt hab ich mich? Was heißt das denn?**

Tim Na, wie'ne Raupe, die sich in einen Schmetterling verwandelt.

Sophie Die Haare sind auch noch ein Stück von den Affen. Das ist noch'n Stück Fell.

Lena Und du siehst auch wie'n kleiner Affe aus! Hihihi!

Alexander **Gut, also du meinst, die Haare sind noch ein Stück Fell?**

Sophie Ja, und die Resthaare an der Haut sind abgefallen.

Alexander **Aha, ihr denkt, die sind abgefallen. Da frag ich mich: WARUM sind die denn auf einmal abgefallen?**

Aylina Weil die Affen nicht glücklich waren! Und weil sie nicht glücklich waren, haben sie sich entwickelt.

Alexander **Okay, also du sagst, sie waren nicht glücklich damit, Affen zu sein? Warum?**

Aylina Nein, wir waren nicht glücklich, weil wir keine Affen sein wollten.

Sophie Hä? Aber ich war doch ein Baby als Kind! Ich hab auf meinen Babyfotos nie'n bisschen Fell auf meinem Kopf gesehn! Ich hab gar nix gesehn! Ich wurde ja geboren im Bauch von meiner Mama!

Tim Ich hab nur minikleine Haare gesehn.
Ich, ich war auch als Baby kein, kein Affe!

Paul ... da, da war ich auch kein Affe!

Tim Die ERSTEN Menschen waren Affen!

Lena Die Prinzessinnen, die Ritter, der König, die Königin. Die waren alle ...

Tim Nee, vor der Zeit waren die Dinos und VOR der Zeit ...

Sophie ... oder nach den Steinzeitmenschen?

Tim Und die Affen haben sich in Menschen verwandelt.

Paul In Urmenschen.

Tim Und die haben sich in Menschen verwandelt und auch ein bisschen Mädchen-Affen waren dabei. Dadurch sind immer mehr in die Welt gekommen.

Lena Weißt du, erst waren die Affen, dann waren die Urmenschen, dann waren sie noch kleine Babys, dann waren sie Kindergartenkind, Vorschulkind, Schulkind und dann waren da ein Mann oder eine Frau.

Paul Und dann haben sie geheiratet und dann haben sie ein Baby bekommen.

Aylina Ja, aber es gibt immer noch Affen und wieso entwickeln DIE sich nicht?!

Alexander **Wer hat eine Idee?**

Tim Früher gab es die Urmenschen, die hatten Fell, weil sonst war denen auch zu kalt. Und die Urmenschen waren plötzlich einfach gekommen. Die hatten keine Anzüge, nur von Tieren, weil die konnten gar nix und die hatten gar nix, nur Fleisch konnten sie essen, aber sonst keine gesunden Sachen und deswegen sind dann die Urmenschen gestorben, weil es war von ganz lange her aber … und weil die nur Fett gegessen haben.

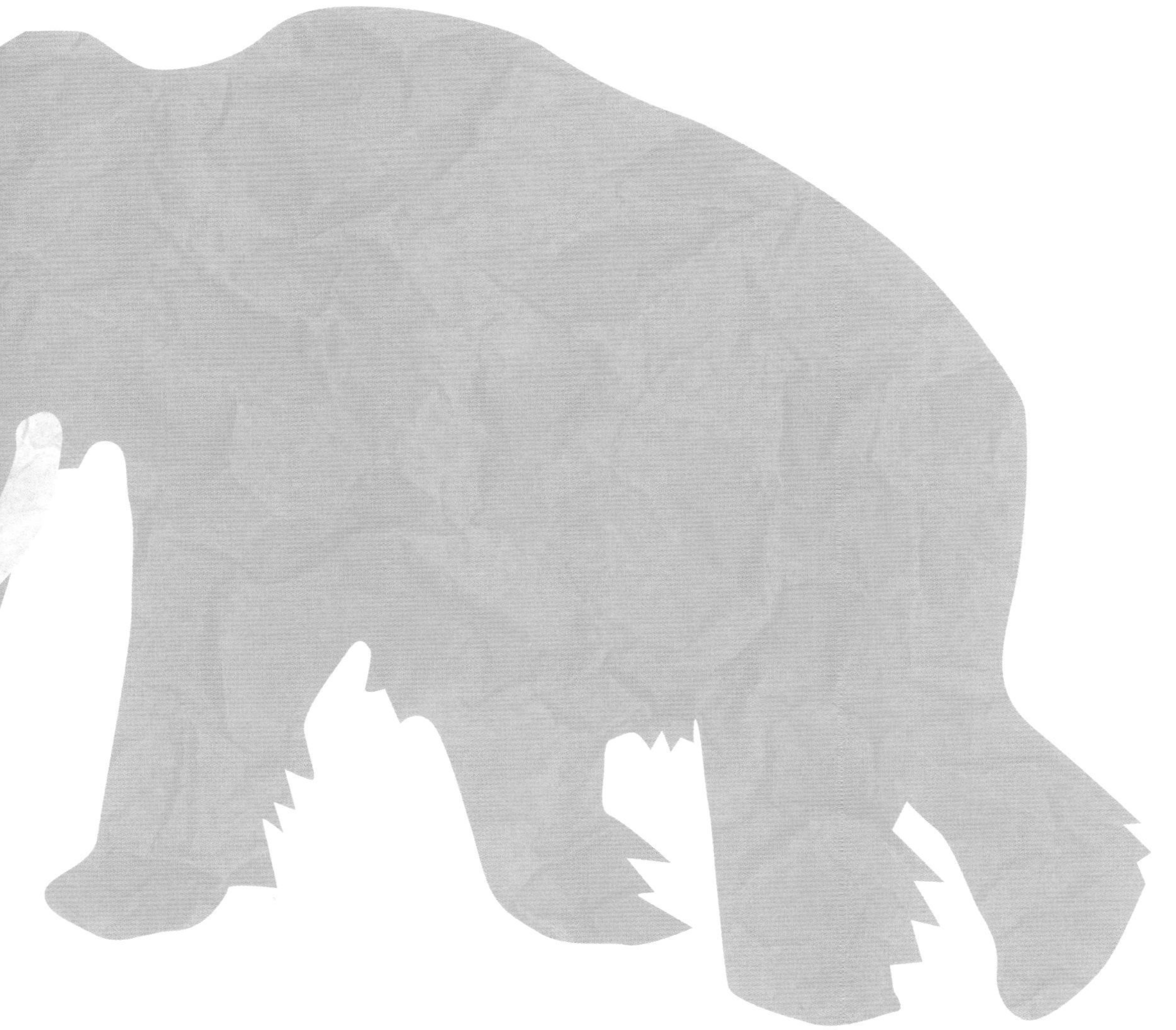

Nachdenken über das Nichts und den Ursprung der Welt

Wie ist die Welt entstanden? Das wohl Spannendste an dieser Frage ist eigentlich die Überlegung, was denn war, bevor die Welt da war. Nichts? Ein Nichts kann man sich nicht vorstellen. In unserem Gespräch könnte diese Konfrontation mit der Frage nach dem Nichts der Grund sein, warum die Kinder so viele Dinge aufzählen, die es gibt: Durch die Überlegung, das alles erst einmal entstanden sein muss, werden die Dinge, die es gibt, auf einmal ihrer Selbstverständlichkeit enthoben. Welch ein Glück, dass wir und auch die Welt um uns entstanden sind!

Wie kommt es aber nun, dass nicht nichts da ist, sondern all das, was tatsächlich da ist? Viele Kinder unseres Kulturkreises antworten auf die Frage, wie die Welt entstanden sein könnte: durch den Urknall oder durch göttliche Schöpfung. Solche Antworten sind nicht verwunderlich, es sind Ergebnisse von Gesprächen mit Eltern und anderen Großen über dieses Thema: Schon früh kommen Kinder auf diese grundsätzliche Menschheitsfrage.

Weil aber Vorstellungen wie „Urknall" (Was knallt da eigentlich?) oder „Schöpfung" (Wie erschafft man eine Welt, wenn nichts da ist?) eigentlich keine greifbare Antwort geben, fangen die Kinder schnell an, selber nachzudenken. Sie reißen dabei den Entwicklungsbegriff an – als Analogien geben sie die Entwicklung, die Metamorphose von der Raupe zum Schmetterling an und bemerken, dass anders als beim Schmetterling, der kein Stück Raupenhaut mehr an sich trägt, die Menschen noch Haare haben, die sie den Affen zurechnen. Es scheint sich also doch um eine andere Sorte Entwicklung zu handeln.

Zugleich wird im Gespräch mit der Frage über das Glück der Affen (oder doch eher unser Glück) deutlich, dass wir mit dem Wort „wir" verschieden große Gruppen meinen können, zu denen wir gehören. Für Sophie kann „wir" offenbar keine Gruppe bezeichnen, die sowohl Menschen als auch Affen umfasst. Entweder es handelt sich um Affen oder um Menschen. Deshalb erregt die Aussage Widerspruch, dass WIR uns vom Affen zum Menschen entwickelt hätten, schließlich waren WIR als Babys auch schon Menschen und keine Affen. Für Tim kann es daher nur sein, dass die ERSTEN Menschen Affen waren.

Verschiedene Theorien kursieren unter den Kindern bezüglich der zeitlichen Abfolge der Entwicklung, also in der Frage, wann jene ersten Menschen, die noch Affen waren, eigentlich lebten: In der Zeit der Prinzessinnen und Könige, nach den Dinos oder nach den Steinzeitmenschen? Bemerkenswert ist auch Sophies Frage nach der Entwicklung der heutigen Affen. Ihre Frage wird im vorliegenden Dialog zwar nicht weiter thematisiert, könnte aber in einer anderen Situation als Gesprächsanlass dienen. Am Ende versucht Tim Ursachen dafür zu benennen, warum die

Urmenschen ausgestorben sind: Ihre Ernährung sei ungesund gewesen und sie hätten keine Kleidung gehabt. Auch wenn es nicht unmittelbar ausgesprochen wird, folgt daraus, dass der moderne Mensch deshalb überleben konnte, weil er die Fähigkeit besaß, sich besser zu ernähren und zu kleiden. Eine Vorstellung, die den Ideen der Evolutionstheorie ziemlich genau entspricht.

Alles geklärt? Keineswegs: Am Ende des Gesprächs steht keine klare Erkenntnis oder gemeinsame Meinung über die Entstehung der Welt. Stattdessen haben die Kinder im Gespräch Denkmöglichkeiten ausprobiert und ausgedrückt, worüber sie selbst schon nachgedacht haben und sind auf Widersprüche gestoßen. Genau das jedoch ist der zentrale Erkenntnisgewinn eines typischen kognitiv anregenden Gesprächs mit Kindern im Vorschulalter.

Tipps für die Gespräche mit Kindern

Stellen Sie eine Frage, die Sie sich selbst einmal gestellt haben oder die sich Ihnen noch immer stellt.

Benutzen Sie „Was wäre, wenn"-Fragen.

Fragen Sie nach, wenn Ihnen nicht klar ist, was genau ein Kind meint.

Spiegeln Sie wider, was Sie verstanden haben, und geben Sie die Aussagen der Kinder in eigenen Worten wieder.

Bitten Sie die Kinder, genauer zu beschreiben,was sie meinen:, Was heißt das denn genau ...?"

Stellen Sie Warum-Fragen als eigene Frage: „Und da frag ich mich, warum ...?"

Wenn die Kinder eine Frage stellen, geben Sie die Frage zurück: „Hast du eine Idee?", „Was meinst du dazu?"

Wann sind Gespräche mit Kindern Nachdenkgespräche?

Nachdenkgespräche zeichnen sich dadurch aus, dass sie handlungsentlastet sind. Handlungsentlastet – das bedeutet, dass solche Gespräche nicht geführt werden, um ein bestimmtes Ziel zu erreichen oder den Alltag zu meistern. Wir sprechen handlungsentlastet, um spielerisch-kreativ mehr über uns selbst oder die Welt zu erfahren. An einem Beispiel kann man sich das klarmachen. Wenn ein Kind fragt: „Wann gehen wir auf den Hof?“, dann hat diese Frage eine klare, auf den Tagesablauf bezogene Antwort. Wenn das Kind allerdings fragt: „Gibt es den Mond eigentlich noch, wenn man ihn nicht sieht?“, dann hat diese Frage keine unmittelbare Bedeutung für unsere Handlungen im alltäglichen Leben. Trotzdem ist die Frage interessant, ja, sie ist sogar intellektuell herausfordernd. Und während wir nach einer Antwort suchen, beginnen wir die Welt etwas besser zu verstehen – oder sie erscheint uns sogar rätselhafter. Denn woher wissen wir wirklich sicher, dass der Mond noch da ist, wenn ihn niemand wahrnimmt?

Viele Nachdenkgespräche sind philosophische Gespräche. Dass man mit Kindern philosophieren kann, ist den Philosophen schon früher aufgefallen. John Locke, ein englischer Philosoph aus dem 17. Jahrhundert, sagte: „Die frischen und unverbildeten Ideen nachdenklicher Kinder können oft einem verständigen Manne viel zu denken geben. Und ich denke, es gibt von den unerwarteten Fragen eines Kindes mehr zu lernen als von Männergesprächen.“[4]

Mit Kindern philosophieren heißt, sich auf ihre Fragen einlassen und sie mit ihnen ernsthaft weiterdenken. Eine große Frage der Philosophie ist zum Bespiel: Was ist der

4 Locke, John; zit. nach Freese, Hans-Ludwig: Kinder sind Philosophen. Beltz-Verlag. Weinheim, Basel 2002, S. 40.

Ursprung der Welt? Auch wenn wir keine sichere und letztgültige Antwort auf diese Frage erwarten können, so beschäftigt sie den Menschen doch nachhaltig. Sei es im Kindergarten, wo die fünfjährige Alma fragt, wie überhaupt alles entstanden ist, oder sei es in den milliardenteuren Laboratorien der Physiker, wo dem Urknall mit Hilfe von Teilchenbeschleunigern nachgeforscht wird.

Sobald wir über Fragen wie „Gibt es Gott?" oder „Ist es richtig, dass die Tiere im Zoo eingesperrt sind?" mit anderen Menschen nachdenken, führen wir Nachdenkgespräche. Jedoch sind nicht alle diese Gespräche philosophisch. Nachdenkgespräche können auch naturwissenschaftlicher Art sein: Die Frage „Warum ist der Himmel blau?" wird zum Beispiel zum Anlass, sich über die Natur des Lichts zu unterhalten, über Phänomene der Optik, über die Entstehung von Wolken. Oder es werden geschichtliche Themen zum Gegenstand gemeinsamen Nachdenkens: „Wie hat man früher gelebt?", „Wer hat die ersten Maschinen gebaut?" Es gibt letztlich kein Thema, über das wir nicht reflektieren können. Entscheidend ist, wie wir über die Dinge reden. Tun wir es mit aktivem, kritischem Verstand, ideenreich und fantasievoll? Oder geben wir uns mit dem zufrieden, was wir sowieso schon wissen, und vernachlässigen dabei die Neugier und den Entdeckergeist?

Reflexionsgespräche können sich auch vollkommen im Reich der Fantasie bewegen. Wenn wir uns eine Geschichte ausdenken oder nach dem „Was wäre, wenn ...?" fragen, dann sind die gleiche Logik und die gleiche Sprachkompetenz gefordert, wie beim Gespräch über reale Dinge. Bilderbücher, Kinderliteratur, Märchen und Mythen bieten einen unbegrenzten Schatz an Anregungen für Nachdenkgespräche und die beste Quelle bleibt immer noch unsere eigene Fantasie.

Was war zuerst da – Huhn oder Ei?

Was war zuerst da – die Henne oder das Ei? Betrachtet man die Entwicklungsgeschichte der Lebewesen, dann scheint die Antwort klar: das Ei. Schließlich gab es lange vor den Hühnern schon eierlegende Dinosaurier. Aus philosophischer Sicht ist das Problem aber vertrackter. Denn wenn das erste Huhn nur aus einem Ei geschlüpft sein kann, woher kam dann das Ei, das doch von einem Huhn gelegt worden sein muss?

Kinder stellen sich beim Nachdenken häufig eine Variante dieser Frage: Meine Mama hat auch eine Mama. Und die hat wieder eine Mama und immer so weiter. Irgendwann muss aber alles angefangen haben. Wer war aber die Mama der ersten Mama? Die muss ja auch eine Mama gehabt haben. Das gleiche Problem liegt auch der Frage nach den Pflanzensamen zugrunde: Jede Pflanze wächst aus einem Samen, aber woher kam der Samen der ersten Pflanze?

„Warum wachsen Blumen nur von Blumenkörnern?"

Im folgenden Gesprächsausschnitt geht es um die Frage, wie Gras „entstanden" ist und warum Blumen wachsen. Wir sitzen am Nachmittag auf der Spielwiese der Kita: Jan (6), Lena (5), Heinrich (6), Sophie (6), Marie (5) und Hanno (6).

Jan	Eigentlich wusste ich noch gar nicht, wie überhaupt das Gras entstanden ist! Das hat ja keiner gesät!
Lena	Doch.
Jan	Nö, es hat keiner gesät.
Alexander	**Es hat keiner gesät, es wächst einfach?**
Mehrere Kinder	Ja.
Heinrich	Aus Wasser, aus Erde, aus Sonne, aus Luft.
Jan	Neeee!
Lena	Das Gras wächst doch. Aber nur mit Samenkörnern!
Sophie	Ja, aber wer hat die ganzen Körner hingemacht?

Jan	Da hat doch keiner Samenkörner hingemacht.
Heinrich	Nee. Und warum wachsen Blumen nur von Blumenkörnern?
Marie	Gute Frage!
Alexander	**Ja, auch eine gute Frage. Wieso wachsen Blumen nur von Blumenkörnern?**
Lena	Weil: Erst brauchen die Wasser, dann wachsen die, da-da-da, bla-bla-bla.
Hanno	Na weil ..., man muss die erstmal pflanzen! Allein können die ja nicht unter der Erde wachsen, weil der Boden ja nicht zaubern kann, das ist ja keine Zauberwelt hier. Nur wenn wir in einem echten Zauberland sind, dann können wir zaubern!

Nachdenken über entstandene und geschaffene Dinge

Wer hat die Straße gebaut? Wer errichtete den Mond? Irgendwann kommen Kinder zu der Erkenntnis, dass es auf der Welt zweierlei Formen von Dingen gibt: Die von Menschen gemachten und die von selbst – oder durch äußere Einwirkungen – entstandenen Dinge. Auch dieses Gespräch entzündet sich an einer solchen Frage nach der Urheberschaft: Wie ist das Gras entstanden? Das hat ja keiner gesät. Und: Warum wachsen Blumen nur aus Blumenkörnern? Es ist aus dem Gesprächsprotokoll herauszulesen, wie für die Kinder diese Frage aus einer Verwunderung entsteht: Anders als viele Dinge um sie herum ist das Gras – wie vieles in der Natur – nicht hergestellt, fabriziert, von uns „gemacht". Aber wie kommt es dann, dass es da ist? Wer „macht", dass es auch ohne unser Zutun immer neu wächst und gedeiht?

Heinrich stellt im Handstreich die kausal notwendigen Voraussetzungen für gelungenes Wachstum von Gras gedanklich zusammen – Wasser, Erde, Sonne, Luft. Lena ergänzt die Basis: Das Samenkorn und benennt den Prozess, den es bis zum Grashalmdasein zu bestehen hat als Wachstum. Damit haben die Kinder Ursachen für das Wachstum des Grases benannt, aber noch keinen Grund dafür, dass das Gras da ist, wo es ist. Sophie und Jan nehmen die Ausgangsfrage wieder auf: Wer hat, wenn nicht das Gras, dann aber wenigstens die Samenkörner an Ort und Stelle geschafft? Vermutlich meinen die beiden das Gras im allgemeinen Sinne – das Gras an sich, das wild wächst – nicht das konkrete Gras der Spielwiese. Denn hier könnte man sich einen Hausmeister vorstellen, der Jahr für Jahr versucht, kahle Stellen des Rasens durch Säen und Absperren neu zu begrünen.

Die Frage, wer die Samenkörner gemacht hat, kommt nicht auf – und die aufkommende Frage, wer die Samenkörner da hingemacht hat, lehnen die Kinder sogar glattweg als Frage ab: „Da hat doch keiner Samenkörner hingemacht."

Deutlich wird im Gespräch, dass den Kindern noch konkretes Wissen über den Lebenszyklus von Pflanzen fehlt. Die Frage, wie die Samenkörner irgendwohin kommen, ist weniger verwunderlich, wenn man weiß, dass die Samen in der Pflanze gebildet und zum Beispiel durch den Wind verbreitet werden. Aber auch mit diesem Wissen bliebe die

Frage weiter bedenkenswert, da ja nicht klar ist, was den Kreislauf einmal in Gang gebracht hat. Die Frage ließe sich dann in ein Paradox umwandeln: Was war zuerst da? Blumen oder Blumensamen? Ähnlich wie bei dem berühmten Beispiel: Huhn oder Ei?

Fragen wie die nach dem Entstehen des Grases, des Huhns und des Eis, des Babys und der Mutter eignen sich sehr gut, um mit den Kindern auf Forschungsreise zu gehen: Finden wir heraus, wie, warum und unter welchen Voraussetzungen Leben entsteht! Ein Projekt, bei dem Samen und Pflanzen untersucht werden, vielleicht Gras auf der Fensterbank gezogen wird – oder Bilder von heranwachsenden Embryos betrachtet werden – kann jetzt starten.

Tipps für die Gespräche mit Kindern

Wenn die Kinder von sich aus Fragen stellen, greifen Sie sie auf und nutzen Sie die Chance, kognitiv anregend darauf einzugehen – Kinderfragen sind der beste Gesprächseinstieg!

Sollte ein Widerspruch zwischen zwei Kindermeinungen deutlich werden, verdeutlichen Sie ihn durch Nachfragen.

Vermeiden Sie beim Nachfragen unbedingt eine suggestive Stimmführung!

Bestätigen Sie die Kinder immer, wenn sie selbst eine Frage stellen! Fragen zu formulieren ist schwer, Kinder sollten dazu ermutigt werden!

Nutzen Sie denkanregende Gespräche, um Naturvorgänge genauer zu beobachten, naturwissenschaftliche Experimente durchzuführen oder sich das Wissen von Expertinnen einzuholen.

Wie können Erwachsene Kinder beim Nachdenken unterstützen?

Erwachsene sprechen in den meisten Kulturen mit Kindern anders als mit anderen Erwachsenen. Mit Kindern reden wir nicht nur über andere Themen, sondern auch in einer anderen Sprechweise. Sprachwissenschaftlerinnen sprechen daher von einer speziellen an das Kind gerichteten Sprache, abgekürzt KGS genannt. Diese Form des Sprechens zeichnet sich dadurch aus, dass wir eine höhere Tonlage verwenden, häufiger Fragen stellen und einfachere Sätze bilden.[5] Je jünger die Kinder sind, umso deutlicher verändern wir unsere Sprache auf diese Weise. Erwachsene, auch wenn sie selten mit Kindern zu tun haben, wenden diese an das Kind gerichtete Sprache ganz automatisch und meist unbewusst an.

Sprachwissenschaftler haben sich gefragt, ob die Art und Weise, wie Erwachsene mit Kindern reden, einen Einfluss auf die kindliche Sprachentwicklung hat. Die an das Kind gerichtete Sprache (KGS) scheint eine weniger große Rolle zu spielen. Viel wichtiger für die Sprachentwicklung ist die Gesprächshaltung der erwachsenen Person. Diese sprachfördernde Haltung macht sich zum einen dadurch bemerkbar, dass die Aussagen von Kindern auch akzeptiert werden, wenn diese falsch sind, zum anderen, dass sich der erwachsene Gesprächspartner an den Themen und dem Aufmerksamkeitsfokus der Kinder orientiert. Dieser akzeptierende Gesprächsstil führt nachweislich dazu, dass Kinder sich schneller komplexe Begriffe aneignen als ein belehrender, auffordernder Gesprächsstil. So zeigen wissenschaftliche Untersuchungen, dass Kinder, deren Mütter häufiger interessierte Fragen stellen und deren Äußerungen sich mehr auf das gemeinsame Entdecken der Welt beziehen, eine schnellere Sprachentwicklung machen als Kinder, deren (Sprach-)Verhalten von den Müttern kommentiert und verbessert wird.

5 Szagun, Gisela: Sprachentwicklung beim Kind. Beltz Verlag, Weinheim, Basel 3. Auflage 2010, S. 182 ff.

Diese für die Sprachentwicklung förderliche Haltung zeichnet sich durch Zuwendung aus. Zuwendung kann man hier ganz wörtlich verstehen: Will man mit Kindern ein nachhaltiges Gespräch führen, begibt man sich zuerst auf Augenhöhe, d.h. man kniet sich hin oder setzt sich gegenüber. Schon durch diese Körperhaltung signalisieren wir Kindern, dass wir bereit sind, uns ihre Perspektive anzueignen – statt im wahrsten Sinne des Wortes „von oben herab" zu dozieren.

Nachdenkgespräche mit Kindern können sich nur dann entwickeln, wenn wir als Erwachsene von vornherein an den Aussagen der Kinder interessiert sind und uns wirklich auf die Situation einlassen. Ein Grundfehler wäre zu glauben, Kinder seien weniger intelligent als Erwachsene. Eher im Gegenteil: Wer mit Kindern, auch mit jüngeren, regelmäßig Gespräche führt, wird feststellen, dass sie meist streng logisch nachdenken und eigenständig nach Lösungen suchen.

Es ist daher wichtig, die Aussagen von Kindern ernstzunehmen. Vielen Erwachsenen fällt gerade das schwer, denn Kinder haben oft kuriose Antworten parat oder äußern fantastische Gedanken. Damit man im Gespräch auch auf Überlegungen reagieren kann, die dem eigenen Weltbild nicht entsprechen, sollte man sich also in der Fähigkeit üben, auch Ungewöhnliches zu denken.[6] Eine gute Übung dafür ist, ernsthaft Argumente für Ideen zu suchen, die man selbst eigentlich falsch findet. Zum Beispiel: Was könnte dafür sprechen, dass es den Weihnachtsmann doch wirklich gibt?

6 Delfos, Martine F.: "Sag mir mal ...". Gesprächsführung mit Kindern (4 bis 12 Jahre). Beltz Verlag, Weinheim, Basel 6. Auflage 2010.

Wie groß ist das Weltall – und was kommt dahinter?

Dieses Bild zeigt die Andromeda-Galaxie. Was aussieht wie ein leuchtender Nebelwirbel, besteht in Wirklichkeit aus Milliarden von Sternen, die sich um das galaktische Zentrum drehen.

Im Universum vermuten die Astronomen über 200 Milliarden solcher Milchstraßensysteme. Unsere eigene Galaxie – die Milchstraße – können wir am Nachthimmel als breiten, glitzernden Streifen sehen – in einer klaren Nacht ohne die störenden Lichter einer Großstadt ein wunderschöner Anblick.

Mit Kindergartenkindern lässt sich der Sternenhimmel im Winter gut beobachten, wenn die Sonne früh untergeht. Im Sommer eignet sich eine Ferienfreizeit oder eine Übernachtung in der Kita für einen Abend zum Thema Sterne und Weltraum.

„Mich würde interessieren: Wie groß ist das Weltall?“

Yasin (6) und Jan (6) wollen mit Alexander über das Weltall reden. Als Alexander zustimmt, holt Yasin sofort ein Sachbuch zum Thema Sterne und Weltraum.

Yasin Hier gibt es noch Bilder.

Alexander **Ah ja, lasst uns die mal angucken, die Bilder. Aha, das ist ein Komet hier.**

Jan Ja, genau. Ich will jetzt noch mal zurück zum Weltall gehen.

Alexander **Ja gut, dann gehen wir zurück zum Weltall.**

Jan Mich würde interessieren: Wie groß ist das Weltall?

Alexander **Okay, Yasin, findest du diese Frage auch interessant?**

Yasin Ja. Und ich will fragen, wie groß unsere Erdkugel ist.

Alexander **Auch interessant. Was denkt ihr denn, wie groß das Weltall ist?**

Jan	Unendlich?
Alexander	**Was heißt denn unendlich?**
Jan	Na, dass das nie, nie zu Ende ist.
Alexander	**Unendlich würde also heißen: Wenn wir jetzt hier losfliegen, zum Beispiel mit einem Raumschiff, dann könnten wir ewig fliegen und wir würden niemals irgendwo hinkommen, wo das Universum aufhört.**
Yasin	Hm. Aber es hört irgendwann auf. Es hört aber erst auf, wenn ein anderes Land kommt. Dann wird nämlich die Luft schöner, also das Weltall anders.
Alexander	**Also irgendwann kommen wir in ein anderes Land?**
Yasin	Unseres ist aber ganz, ganz groß, von den anderen ist es kleiner.
Alexander	**Irgendwann kommt man also in ein anderes Land, wo es anders ist, kleiner?**
Yasin	Das dauert aber ganz lang.
Alexander	**Wieso ist denn die eine Welt groß und die andere klein?**
Yasin	Ja, weil ich mir das so vorstelle!
Alexander	**Ach so, das stellst du dir vor.**
Yasin	Aber ich weiß nicht, ob das wirklich so ist.
Alexander	**Ob das wirklich so ist ...**

Yasin Na, DU auch nicht, oder?

Alexander **Ich weiß es auch nicht, nee. Aber wir können es uns ja ausdenken, wie es dort aussieht.**

Jan Na, vielleicht sind dort die Außerirdischen, wenn es welche überhaupt gibt. Bisher hat man ja noch keine Außerirdischen entdeckt ...

Yasin Ja, oder gesehen.

Jan Vielleicht kann da ja schon das innere Land sein. Wenn wir hier ein grünes Männchen sehen oder silbernes oder farbiges, das wir nicht kennen, ist es wahrscheinlich Fasching.

Alexander **Du meinst also, wenn wir hier jetzt so ein grünes Männchen sehen, dann hat der sich wahrscheinlich verkleidet, ist ein verkleidetes Kind oder ein verkleideter Erwachsener. Meinst du das?**

Jan Außer wenn das so ein ganz winziger Außerirdischer ist, dann kann das in echt ein Außerirdischer sein.

Alexander **Ah ja, wenn er so klein ist und trotzdem mit uns redet, dann kann das schon ein Außerirdischer sein?**

Yasin Der würde auch außerirdisch reden!

Alexander **Der würde bestimmt außerirdisch reden, außer er hat unsere Sprache schon gelernt!**

Jan Aber ich wollte auch noch mal fragen: Wie groß ist unsere Galaxie?

Alexander **Kannst du mal erklären, was eine Galaxie ist?**

Jan In der ist die Erdkugel und die anderen Planeten. Alle Satelliten und Planeten haben eine Erdumlaufbahn, auch die Erde. Die dreht sich ganz schnell und immer wenn sie einmal um die Sonne gekommen ist, dann ist ein Jahr vergangen.

Alexander **Stimmt, wenn die Erde einmal um die Sonne rum ist, ist ein Jahr vergangen.**

Jan Die Sonne ist ein riesengroßer Gasball, der die größte Sache vom Sonnensystem ist und deswegen braucht die Erde um die Sonne ein Jahr.

Yasin Äh … Was wollt ich noch mal sagen? Ah, super, jetzt weiß ich wieder: Das schwarze Loch. Also das schwarze Loch befindet sich mitten im Sonnensystem, oder?

Alexander **Eigentlich nicht im Sonnensystem, sondern in der Mitte der Galaxis. Galaxis und Sonnensystem sind zwei verschiedene Dinge. Das Sonnensystem sind die Planeten, die um die Sonne kreisen und die Galaxis sind die ganz vielen Sonnen – Sterne – die um das schwarze Loch kreisen. Hier ist ein Bild von unserer Galaxis, der Milchstraße. All die weißen Punkte sind Sterne, manche sind so ähnlich wie unsere Sonne, die meisten aber noch viel größer und heller.**

Nachdenken über Wissen und Nicht-Wissen

„Das weißt du doch auch nicht, oder?" Ein interessanter Moment des Gesprächs ist diese Frage von Yasin. Jan möchte vorher wissen, wie groß eigentlich das Universum ist, und gibt sich selbst die Antwort: „Es ist unendlich". Für Yasin hingegen ist es denkbar, dass es ein Ende gibt. Hier befindet sich die Eintrittspforte für Yasins Fantasie. Er versucht Zuschreibungen, um jene Welt von der unseren zu unterscheiden: Dort ist die Luft schöner und alles ist kleiner.

Solche Spekulationen machen erkenntnistheoretisch durchaus Sinn: Wenn wir kein sicheres Wissen oder keine begründeten Überzeugungen haben, dann können wir nicht anders, als Hypothesen darüber aufzustellen, was sein könnte. Wir entwickeln eigene Vorstellungen, prüfen sie aber auf Plausibilität. Yasin ist sich bewusst, dass seine Ideen über das, was außerhalb des Universums liegt, in seiner Fantasie gründet: „Ja, weil ich mir das so vorstelle!". Auf Alexanders Spiegelung: „Ach so, das stellst du dir vor!" reagiert Yasin mit der Rückversicherung: „Du weißt das doch auch nicht, oder?". Erst unser Nicht-Wissen gibt Grund zur Spekulation.

Andere Welten, andere Universen werden von Yasin ins Spiel gebracht, was an die Theorien moderner Physiker über Paralleluniversen erinnert. Jan interessiert sich für Außerirdische und verbindet die Vorstellungen, die er dazu hat, mit Yasins anderer Welt außerhalb des uns bekannten Universums.

Interessant ist Jans Bemerkung, dass wir beim Kontakt mit grünen Männchen immer erst Fasching vermuten würden. In diesem Gedanken steckt die Idee, dass wir Abweichungen vom Normalen immer als Abweichungen von etwas, das wir kennen, interpretieren – es sei denn, die Abweichungen würden zu groß werden. Hier gibt Jan ein plausibles Beispiel. Bei einem sehr kleinen Außerirdischen könnten wir nicht mehr davon ausgehen, dass es sich dabei um einen verkleideten Erdenbewohner handelt.

Alexanders Nachfrage, in der er die Art des möglichen Kontakts zwischen Außerirdischen und uns charakterisiert („wenn er mit uns redet"), greift Yasin gedanklich auf, indem er darauf hinweist, dass sich seine Sprache

vermutlich von unserer unterscheiden würde. Auch er liefert damit ein Merkmal eines echten Außerirdischen. Jan wechselt anschließend schnittartig zum Thema Galaxien und beginnt sein Faktenwissen zu referieren – hier hakt Alexander ein und stellt Missverständnisse klar.

Kinder fragen und Erwachsene wissen die Antwort: Dieses Schema erleben Kinder oft genug. Dieses Gespräch zeigt, dass es Themen gibt, bei denen niemand die Lösung kennt. Das verschafft Freiraum zum Nachdenken und Spekulieren.

Tipps für die Gespräche mit Kindern

Fragen Sie nach, wenn ein Kind Wörter benutzt, die andere Kinder möglicherweise nicht verstehen.

Nehmen Sie die Ideen der Kinder ernst, auch wenn diese Ihnen als zu fantastisch oder unrealistisch erscheinen. Wenn Ihnen etwas unklar bleibt, fragen Sie nach und lassen Sie die Kinder noch einmal erläutern.

Lassen Sie die Kinder erleben, wenn Sie etwas nicht wissen! Verstecken Sie Ihr Nicht-Wissen nicht!

Lassen Sie die Kinder erleben, wenn Sie etwas genau wissen! Verstecken Sie Ihr Wissen nicht!

Wenn Sie meinen, dass eine Klarstellung oder Erklärung sinnvoll ist, also vor allem auch verstanden werden kann, stellen Sie Zusammenhänge klar und geben Sie Erklärungen.

Ist Philosophieren nur nachdenken und reden?

„Viel zu viel Theorie!" Diesen Ausruf hört man oft. Nach dem Motto: Nur reden ist langweilig. Kindern wird diese Abscheu vor dem Reden erst recht nachgesagt: „Die brauchen es praktisch, Erfahrungen mit Herz und Hand!" Sind Nachdenkgespräche nicht viel zu trocken, langweilig und un-kindgemäß?

Dem ist zu entgegnen: Philosophische Nachdenkgespräche sind schon deswegen nicht langweilig, weil wir uns über Dinge unterhalten, die wir wirklich wissen wollen: Praktische Fragen!

Ob ein Gespräch langweilt oder mitreißt, hängt wie bei allen anderen Aktivitäten eher davon ab, wie sehr wir uns als Teilnehmer eingebunden und herausgefordert fühlen: Ein monotoner Vortrag über ein Thema, das uns fern ist, ist tatsächlich langweilig. Aber das gleiche gilt für manuelle Tätigkeiten, die für uns keinen Sinn machen. Wenn wir Kinder immer wieder durch interessierte Nachfragen herausfordern, indem wir vorher ihre Gedankengänge aufmerksam mitverfolgt haben, ist ein Nachdenkgespräch so lange spannend, bis die Frage fürs Erste geklärt ist.

Philosophieren bedeutet tatsächlich zunächst nur miteinander reden und nachdenken. Aber diese Form des gemeinsamen Nachdenkens führt fast zwangsläufig dazu, dass Kinder wie große Denkerinnen und Denker ihre Überlegungen mit anderen Mitteln weiterführen möchten. Es spricht alles dafür, dass man zu einem philosophischen Thema

- ein Bild malt (Wie sehen Tiere eigentlich die Welt? Wie stellst du dir die Seele eines Menschen vor?)
- ein Musikstück hört (Wie erlebst du Musik? Was denkst du, wie hat sich der Musiker gefühlt, als er es spielte?)
- eine Traumreise macht (Warum können wir uns Dinge vorstellen, die wir noch nie gesehen haben?)

- ein wissenschaftliches Experiment durchführt (Wie kann das Auge sehen? Wer hat eigentlich die Bäume gemacht?).

Wenn wir kreativ-praktische Umsetzungen mit Nachdenkgesprächen verbinden wollen, sollte das Gespräch natürlich und spontan aus einer Aktivität folgen oder in eine Aktivität münden. So kann sich aus einer Bilderbuchgeschichte ein Gespräch über Freundschaft entwickeln, beim Pflegen des Hasenstalls im Kita-Hof eine Diskussion darüber, ob Kaninchen es schlimm finden, dass sie eingesperrt sind. Oder aus der Frage eines Kindes, ob der Mond noch da ist, wenn wir ihn nicht sehen, kann ein Bildungsprojekt entstehen, bei dem wir die Mondphasen beobachten oder eine Mondlandschaft basteln.

Wichtig ist, dass Nachdenkgespräche einen eigenen Stellenwert für sich haben. Sie müssen nicht auf Zwang mit praktischen Spielen unterfüttert werden.

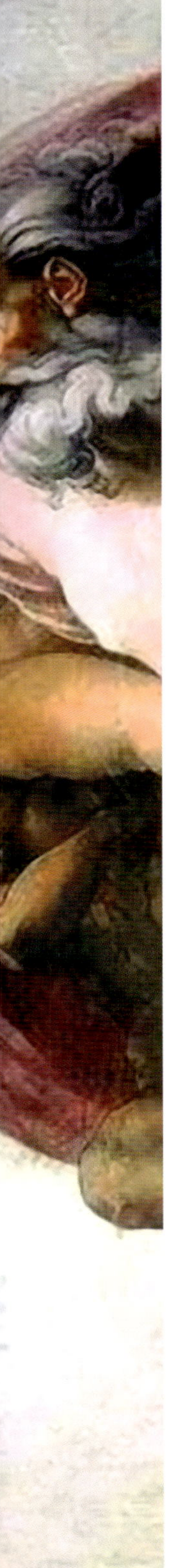

Gibt es Gott?

Die Frage nach Gott ist eine der großen Fragen, die die Menschheit immer beschäftigt hat. Und es ist eine sehr schwierige Frage. Denn wen oder was meinen wir eigentlich, wenn wir von Gott reden? Den Gott des Alten Testaments, von dem man sich nach biblischem Gebot gar kein Bild machen darf? Oder den alten Mann mit Bart, der auf einer Wolke sitzt? Oder Jesus Christus? Oder Allah? Ist Gott ein Mann oder eine Frau? Oder vielleicht beides? Ist Gott eine Person oder doch eine allumfassende Intelligenz, an der wir alle teilhaben? Oder etwas, dass nicht existiert – außer in unserer Einbildung?

Die Antwort auf die Frage, ob es Gott gibt, hängt sehr davon ab, welchen Begriff wir von Gott haben. Aber kann man Gott überhaupt begreifen? Kann man überhaupt sinnvoll von Gott sprechen? Oder reicht unsere Sprache dafür gar nicht aus und wir sollten lieber schweigen?

An der simpel erscheinenden Frage nach der Existenz Gottes kann man sehr gut sehen, welche Flut von Fragen die Philosophie auslösen kann. Und selbst wenn man sagt, dass solche Fragen vollkommen sinnlos sind, ist man schon mitten in der philosophischen Diskussion.

„Die Astronauten wissen, wie groß die Welt ist, weil die fliegen ja da oben.“

Sophie (6), Jan (6), Martha (5), Hanno (5), Heinrich (6), Aylina (5) und andere Kinder sitzen an einem Basteltisch. Es herrscht eine entspannte und konzentrierte Atmosphäre. Manche sind mit einer Bastelarbeit beschäftigt oder malen. Alexander leitet das Gespräch ein, indem er die Kinder auf die Fragestellung eines früheren Gesprächs aufmerksam macht.

Alexander	**Vorhin habe ich mich mit Yasin und Jan darüber unterhalten, wie groß eigentlich das Weltall ist. Habt ihr eine Antwort darauf?**
Jan	Das weiß genau niemand. Das weiß bestimmt nur der liebe Gott, weil der hat ja alles erschaffen: die Welt.
Sophie	Also ich glaub nicht an Gott.
Hanno	Die Astronauten wissen das! Die Astronauten wissen, wie groß die Welt ist, weil die fliegen ja da oben. Und darum wissen die, wie die so aussieht.
Alexander	**Du meinst also, die Astronauten wissen wie groß die Welt ist, weil sie sich die Erde angeguckt haben.**
Hanno	Ja. Von oben.
Jan	Ja und manche Satelliten schicken uns Bilder aus dem Weltraum, wo wir nicht hinfliegen können.

Alexander **Es gibt Bilder von anderen Planeten, wo wir nicht hinfliegen können. Aber, Sophie, was meinst du damit, du glaubst nicht, dass Gott die Welt erschaffen hat?**

Sophie Ja, sondern eher ... Sondern eher ... Ich weiß es nicht. Da muss ich meine Mama fragen, wie die Welt entstanden ist. Aber ich hab ein Buch, da sind Dinosaurier drin und am Anfang, da war die Welt zuerst ein riesiger Feuerball.

Hanno Der Asteroid war das Feuer. Aus dem ist das Feuer entstanden.

Jan Ja, dann hat sich das Feuer auf der Sonne gelöst und dann ..

Alexander **Eben hast du gesagt, du weißt nicht genau, wie die Welt entstanden ist.**

Jan Ja. Jede Religion glaubt was anderes.

Alexander **Jetzt wollen wir aber mal rauskriegen, was wir selbst eigentlich glauben.**

Sophie Ich glaub gar nicht an Gott.

Hanno Aber ich glaub an Gott.

Martha An Gott darf man eigentlich gar nicht glauben. Weil man das nicht braucht.

Alexander **Warum ist das nicht nötig, dass man an Gott glaubt?**

Sophie Ich kann erklären warum. Ich glaub nicht an Gott, weil es gar nicht Gott gibt.

Hanno Aber es gibt Gott!

Alexander **Wenn du sagst, Gott gibt es, kannst du auch beschreiben, was Gott ist? Oder wer das ist?**

Martha Ich weiß es! Gott ist so ein alter Mann, ein Mensch, der vor langer Zeit mal die Welt erfunden hat.

Sophie Und der heißt Jesus.

Jan Nee.

Heinrich Der heißt Jesus Christus.

Jan Nee.

Alexander **Jetzt hat Martha gesagt, Gott ist so ein alter Mensch, der mal die Welt erfunden hat, aber wie kann denn ein Mensch die Welt erfinden? Ich könnte doch jetzt auch nicht hingehen und sagen, ich erfinde jetzt mal eine Welt oder eine Erde. Ich kann das nicht.**

Jan Aaaah! Du meinst sowas! Der hat gezaubert ein bisschen. Der konnte ein bisschen zaubern.

Heinrich Zauberei.

Martha Er hat erfunden, dass es Menschen gibt.

Alexander **Aber wer hat denn dann Gott erfunden?**

Aylina Die Wolken vielleicht?

Jan Der war schon immer da.

Sophie Auch als die Dinosaurier lebten.

Martha Aber jetzt isser gestorben!

Jan Nee, nee! Nee, nee.

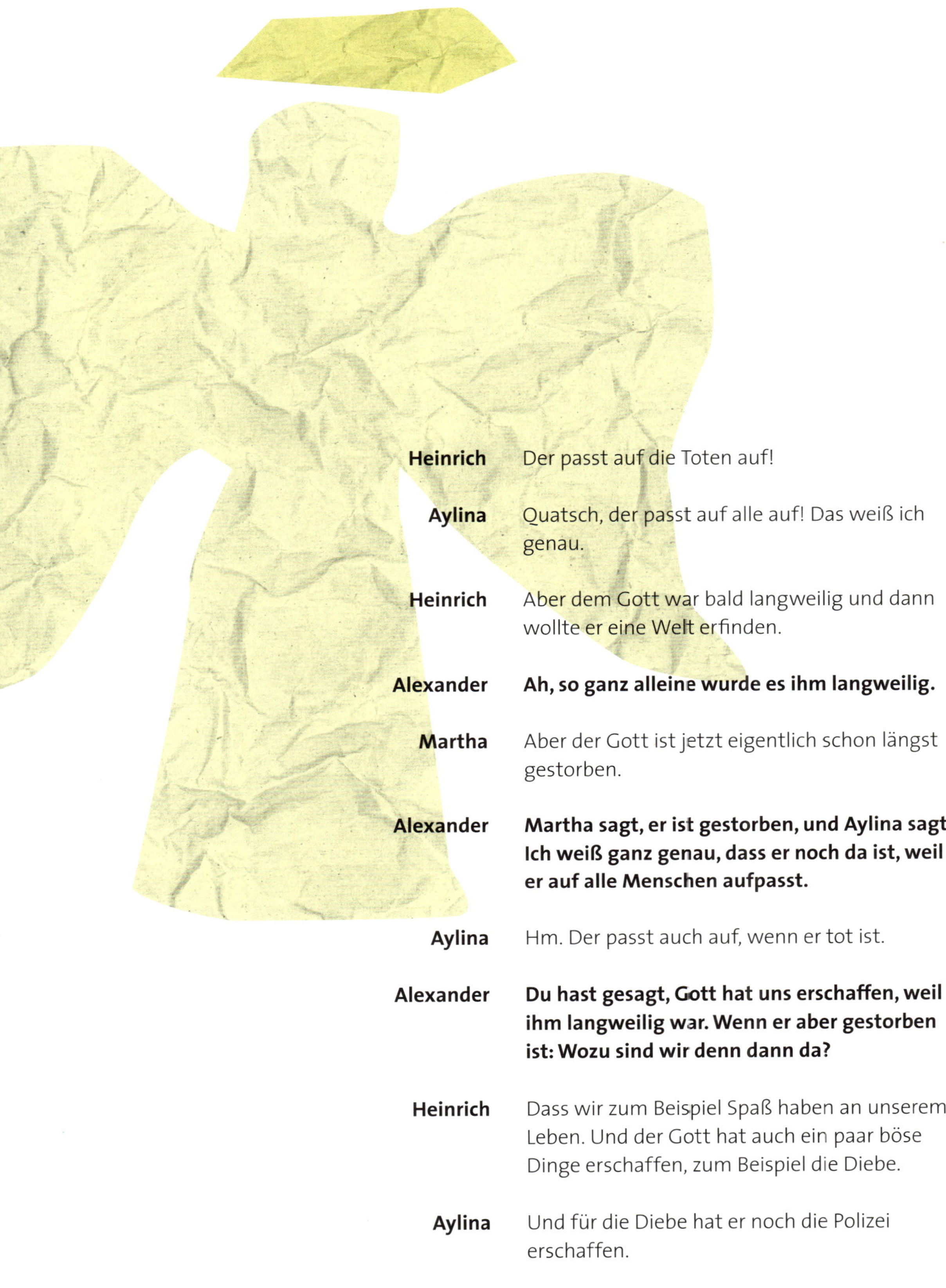

Heinrich Der passt auf die Toten auf!

Aylina Quatsch, der passt auf alle auf! Das weiß ich genau.

Heinrich Aber dem Gott war bald langweilig und dann wollte er eine Welt erfinden.

Alexander **Ah, so ganz alleine wurde es ihm langweilig.**

Martha Aber der Gott ist jetzt eigentlich schon längst gestorben.

Alexander **Martha sagt, er ist gestorben, und Aylina sagt: Ich weiß ganz genau, dass er noch da ist, weil er auf alle Menschen aufpasst.**

Aylina Hm. Der passt auch auf, wenn er tot ist.

Alexander **Du hast gesagt, Gott hat uns erschaffen, weil ihm langweilig war. Wenn er aber gestorben ist: Wozu sind wir denn dann da?**

Heinrich Dass wir zum Beispiel Spaß haben an unserem Leben. Und der Gott hat auch ein paar böse Dinge erschaffen, zum Beispiel die Diebe.

Aylina Und für die Diebe hat er noch die Polizei erschaffen.

Nachdenken über die Existenz Gottes

Wie kommt es, dass es die Welt gibt, in der wir leben? Hat sie jemand für uns – oder für sich selbst gemacht? Es ist naheliegend, dass Kinder über die Frage nach dem Ursprung der Welt nachdenken, gerade weil es ihrem Denken entspricht, dass Dinge da sind, weil sie ihnen Freude bereiten oder nutzen.

Ebenso naheliegend ist es, dass sich Kinder im Vorschulalter über Vorstellungen von Göttern so ihre Gedanken machen: Schließlich sind sie mit Gestalten vertraut, die es in der Wirklichkeit um sie herum nicht gibt, wohl aber in einer Art Nebenwelt. Erwachsene haben ihnen von Zahnfeen und Weihnachtsmännern erzählt, die in unseren Alltag eingreifen würden, ohne sichtbar zu sein. Andere mythische Figuren wie Hexen oder Zauberer tauchen so oft in Geschichten auf, dass Kinder immer wieder überlegen, ob es nicht doch möglich ist, sie anzutreffen – oder deren magische Fähigkeiten sogar selbst einmal auszuprobieren.

Auch in unserem Gespräch folgt der Anfangsfrage nach der Größe des Weltalls schnell eine Diskussion über die Existenz Gottes. Sophie glaubt nicht, dass die Welt von Gott erschaffen wurde. Die Nachfrage Alexanders, wie sie ihre Meinung begründet, führt bei ihr zu einem längeren Denkprozess. Zunächst fällt ihr keine Antwort ein und sie will sich an eine Autorität wenden, die dieses Wissen ihrer Meinung nach hat: „Da muss ich meine Mama fragen, wie die Welt entstanden ist." Dann entwickelt sie aber doch eine Begründung, warum die Welt nicht von Gott erschaffen worden sein kann. In einem ihrer Bücher würde gezeigt, wie die Welt aus einem riesigen Feuerball entstanden ist. Hanno und Jan, der vorher noch die These einer göttlichen Schöpfung vertreten hat, greifen diesen Gedanken auf und entwickeln ihn mit ihrem Wissen über Asteroiden weiter.

Interessant ist hier, dass der Widerspruch zwischen natürlichen und religiösen Erklärungen von den Kindern kaum problematisiert wird. Jan distanziert sich sogar indirekt von einer endgültigen Erklärung: „Jede Religion glaubt etwas anderes." Verschiedene Meinungen können nebeneinander stehen. Eine gegenteilige Meinung ist für die Kinder noch keine Herausforderung, die eigene Meinung weiter zu begründen oder zu hinterfragen.

Statt Widersprüche in ihren Konzepten zu benennen oder aufzulösen, suchen die Kinder nach zusätzlichen Erklärungen. Wenn Gott ein Mensch war, der die Welt erfunden hat,

Menschen aber eigentlich keine Welt erfinden können, dann war Gott eben ein Mensch, der zaubern konnte. Auch Aylina behilft sich mit einer zusätzlichen Erklärung als der Gottesbegriff hinterfragt wird: Auf die Frage, wer denn Gott erfunden habe, antwortet sie, statt den Widerspruch zu bemerken, mit einer Spekulation: „Die Wolken vielleicht?" Sie scheint aber mit ihrem Lösungsvorschlag noch nicht sicher und stellt durch die Frageform ihre Hypothese zur Diskussion. Daran wird erkennbar, wie sich Kinder beim Philosophieren den wissenschaftlichen Erkenntnisprozess zunutze machen. Nämlich indem sie aus ihrem Wissen oder mit Hilfe der Spekulation Thesen entwickeln und auf Wahrheit prüfen.

Tipps für die Gespräche mit Kindern

Lassen Sie unterschiedliche Meinungen der Kinder nebeneinander stehen, ohne Sie zu bewerten.

Weisen Sie darauf hin, dass zwei oder mehrere Kinder entgegengesetzte Meinungen haben. „Jan sagt, dass es Gott gibt, Martha sagt, es gibt ihn nicht."

Machen Sie gegebenenfalls auf Widersprüche in den Konzepten der Kinder aufmerksam. Lassen Sie sie selbst nach Lösungen suchen.

Fragen Sie die Kinder nach Begründungen, z. B. „Warum denkst du, dass Gott die Erde erschaffen hat?".

Sagen Sie Ihre eigene Meinung erst, wenn Sie ausdrücklich danach gefragt werden. Geben Sie offen Auskunft und begründen Sie, warum Sie so denken. Machen Sie dennoch deutlich, dass Sie sich auch in andere Meinungen hineindenken können.

Wenn Sie aus persönlichen Gründen zu einemThema nichts sagen möchten, brauchen Sie auch nicht zu antworten. Vermitteln Sie den Kindern, dass es in Ordnung ist, Zeit zum Nachdenken zu brauchen oder persönliche Geheimnisse zu haben.

Soll man in Nachdenkgesprächen mit Kindern seine eigene Meinung äußern?

Kinder im Vorschulalter äußern in Nachdenkgesprächen eigene Gedanken, aber auch häufig die Meinung ihrer Eltern oder anderer naher Bezugspersonen. Da der Kindergarten ein Spiegelbild der sozialen Umgebung ist, findet sich in ihm die ganze Bandbreite aus Weltanschauungen, Glaubenssätzen und politischen Vorstellungen. Manche mögen uns sympathisch und nah sein, andere weniger.

Es scheint paradox: Einerseits wissen wir, wie wichtig es ist, seine Meinung zu äußern und den Kindern Werte zu vermitteln – und gleichzeitig ist es eine berechtigte Forderung an Pädagogen, mit dem, was die Kinder an Ansichten mitbringen, neutral und wertschätzend umzugehen und sich in deren Gedanken hineinzudenken.

Das Philosophieren eignet sich als Methode sehr gut, ein kritisches, aber auch kritikfähiges Denken zu entwickeln, weil wir zwangsläufig durch die Überlegungen von anderen Menschen in unserem Denken herausgefordert werden. Auch jüngere Kinder fangen in Nachdenkgesprächen durchaus einmal an zu streiten, weil Gott zum Bespiel für die eine „schon tot" ist, für den anderen aber „ewig lebt". Für die intellektuelle Entwicklung sind solche Auseinandersetzungen wichtig. Erzieherinnen stellt sich aber oft die Frage, wie man in derartigen Situationen reagieren sollte, vor allem wenn man von den Kindern aufgefordert wird, zu sagen, was man selbst eigentlich denkt.

In der pädagogischen Praxis empfiehlt sich als Grundhaltung tatsächlich die neutrale Sicht, nach der beide Seiten Recht haben können. Eine solche Haltung muss keine Wischiwaschi-Position sein. Es gibt eben unterschiedliche Gründe für die jeweilige Meinung und schon das Darüberreden, wer wieso welche Gründe hat, führt meist zur Erkenntnis, dass zwei unterschiedliche Ansichten nebeneinander

bestehen können. Außerdem zeichnen sich gerade philosophische Fragen dadurch aus, dass es eben nicht die eine richtige Antwort gibt. Wenn Erzieherinnen auf diese Weise für die Kinder zum Modell einer differenzierten und toleranten Position werden, ist für die Dialogkultur in der Kita viel gewonnen.

Trotzdem soll man sich auch nicht zwanghaft mit der eigenen Meinung zurückhalten. Es wäre nicht authentisch, wenn Pädagoginnen in allen Einstellungsfragen plötzlich meinungslos und beliebig würden. Nur muss man sich als Erzieher über die möglichen Wirkungen der eigenen Äußerungen bewusst sein, schließlich hat man einen gehörigen Anteil an der Meinungsbildung von Kindern. Das pädagogische Ziel sollte sein, Kinder im Selber-Nachdenken zu bestärken.

Sagt man also die eigene Meinung in Nachdenkgesprächen, dann kann man auch deutlich machen, dass diese nicht zwangsläufig der Weisheit letzter Schluss ist. Das kann zum Beispiel dadurch deutlich werden, dass man die Gegenmeinung stark macht: „Ich glaube zwar nicht, dass es den Weihnachtsmann wirklich gibt. Aber die Tatsache, dass so viele an den Weihnachtsmann glauben, könnte schon ein Hinweis dafür sein, dass es ihn auf eine bestimmte Weise doch gibt."

Auch von Kindern hört man diskriminierende Äußerungen und Vorurteile. Meinungen, die wir aus Überzeugung ablehnen, sollten wir nicht einfach stehen lassen, ihnen aber besser ohne moralischen Zeigefinger begegnen. Unterstützender ist es, das kritische Denken der Kinder herauszufordern: „Wieso denkst du, dass Autos Jungsspielzeug sind? Dann dürften Frauen doch auch keine Autos fahren."

Weißt du, wieviel Sternlein stehen?

Dieses bekannte Bild trägt den Titel: Ein Missionar des Mittelalters erzählt, dass er den Punkt gefunden hat, wo sich Himmel und Erde berühren. Es stammt von Nicolas Camille Flammarion, einem französischen Astronom, der es 1888 veröffentlichte. Das Bild eignet sich gut als Einstieg für philosophische Nachdenkgespräche mit Kindern, denn es gibt darauf viel zu entdecken. Ist der Mann auf dem Bild Gott? Ein Riese? Oder doch ein Mensch? Warum kann er seinen Kopf durch den Himmel stecken? Und was bedeuten die seltsamen Räder in den Wolken?

Der Blick in den Sternenhimmel hat die Menschen schon seit Urzeiten fasziniert. Für den Philosophen Immanuel Kant gab es zwei Dinge, die ihn immer wieder mit Bewunderung und Ehrfurcht erfüllten: „Der bestirnte Himmel über mir, und das moralische Gesetz in mir."

Die Frage aus dem alten Volkslied, wieviel Sterne am Himmel sind, lässt sich dank der modernen Astronomie beantworten. Von der Erde aus könnte man unter optimalen Bedingungen, also bei völlig dunkler Umgebung und klarem Wetter, ungefähr 3000 Sterne zählen, in Großstädten sieht man leider noch nicht einmal 100.

Die Gesamtzahl der Sterne im Universum kann man allerdings nur sehr grob schätzen. Setzt man voraus, dass es rund 250 Milliarden Galaxien gibt und jede Galaxie ungefähr 250 Milliarden Sterne hat, dann läge die Anzahl aller Sterne bei: 62.500.000.000.000.000.000.000.

„Warum gibt es eigentlich den Mond?“

Heinrich (6), Rosa (5), Celina (6), Simon (6) und andere Kinder sitzen bei der Nachmittagsvesper. Es entsteht ein Gespräch darüber, was man alles in der Schule lernen kann. Der Moderator leitet ein Nachdenkgespräch ein, indem er fragt, an welchen Wissensfeldern die Kinder interessiert sind.

Alexander **Könnt ihr mal sagen, was ihr unbedingt einmal wissen wollt?**

Celina Ja. Warum ist die Sonne riesig und von der Erde nur so klein?

Rosa Ja. Und warum gibt es eigentlich den Mond?

Alexander **Was denkt ihr, wie es kommt, dass der Mond am Himmel ist?**

Celina Also den Mond gibt es, weil ... sonst wär ja auch unser Weltraum ein bisschen kleiner.

Heinrich Ich weiß es. Damit die Nacht nicht so dunkel ist. Weil: Manche Laternen sind ja nicht so hell wie das Licht jetzt von der Sonne. Deswegen hat der liebe Gott uns auch einen Mond und ganz viele Sterne verschickt.

Simon Ähm, ich weiß warum! Weil manche Laternen sind auch kaputt und … und …

Celina Aber der Mond ist jeden Tag da.

Simon Und jede Nacht.

Rosa Hm, der Mond ist nicht am Tag da, nur in der Nacht.

Simon Und der ist da, weil die Leute nicht Angst haben.

Rosa Denk ich eher weniger.

Alexander **Jetzt habt ihr gesagt, der Mond ist da, damit es in der Nacht heller ist. Es ist euch vielleicht aber mal aufgefallen, dass der Mond immer weniger wird im Laufe des Monats, bis er sogar gar nicht mehr zu sehen ist …**

Celina Ja, klar.

Alexander **... und dann langsam wieder voller wird. Wenn ihr sagt, der Mond ist da, damit wir nachts besser sehen können, frage ich mich: Warum ist er dann manchmal nur halb und manchmal sogar gar nicht zu sehen?**

Simon Oder als Sichelmond!

Celina Na, manchmal ist er voll, also manchmal ein Kreis. Und manchmal sooo hier.
Celina zeichnet mit dem Finger eine Mondsichel.

Simon Wenn die Lampen nicht mehr gehen und der Mond nicht mehr da ist, dann ist es ziemlich dunkel, dann sieht man überhaupt nichts mehr.

Heinrich Doch, die Sterne sind doch noch da! Zehntausend-aberhunderte.

Celina Nee, bisschen weniger.

Rosa Mhm! Tausend und zweihundert.

Heinrich Tausend! Tausend Milliarden Millionen.

Rosa Mehr als hundert!

Simon Ja, unendlich zum Beispiel.

Celina Genau, das Weltall ist ja unendlich.

Simon Genau, das ist um die ganze Erde und wir sind im Weltall.

Rosa Gar nicht! Wir sind nicht im Weltall!

Mehrere Kinder durcheinander Doch! Ja!

Simon Doch, die Weltkugel ist im Weltall!

Heinrich Ja, aber ich seh hier weit und breit kein schwarzes Licht vom Weltall!

Celina Genau, weil da drüben ja noch der Himmel über uns ist!

Simon Genau und wenn man mit'ner Rakete rein fliegt, dann sieht man das Weltall.

Rosa Und die Erde.

Nachdenken über das „Warum?“ und das „Wozu?“

Nachdenkgespräche mit Kindern lassen sich sehr gut einleiten, indem man die Kinder fragt, was sie eigentlich wissen wollen. Meistens stellen die Kinder dann mehrere Fragen, von denen jede einzelne ein spannender Anlass zum Weiterdenken ist oder die Möglichkeit bietet, im Rahmen eines kleinen Forschungsprojekts gemeinsam nach Antworten zu suchen.

Celinas Frage gleich zu Beginn des Gesprächs ist hierfür ein gutes Beispiel: „Warum ist die Sonne riesig und von der Erde nur so klein?“ Sie fragt hier nach einem konkreten naturwissenschaftlichen Zusammenhang, den man sich durch Naturbeobachtung und logisches Nachdenken erklären kann. Wir sehen, dass Gegenstände, die weiter von uns entfernt sind, kleiner erscheinen. Die Sonne muss also sehr weit weg sein, wenn sie in Wirklichkeit viel größer ist als die Erde.

Dadurch, dass der Moderator aber Rosas Frage aufgreift, wird die Frage von Celina im weiteren Gespräch nicht mehr thematisiert. Es liegt in der Dynamik von Gesprächen, dass unterschiedliche Themenstränge eingeschlagen werden und manche dann nicht weiter verfolgt werden können. Wichtig ist aber, dass Fragen, die im Augenblick nicht behandelt werden, nicht gänzlich unter den Tisch fallen, sondern bei einer anderen Gelegenheit aufgegriffen werden. Generell sollte in Kindertageseinrichtungen eine Atmosphäre herrschen, in der die Fragen der Kinder stets willkommen sind und in Gesprächen und Projekten beantwortet werden.

Das vorliegende Gespräch beschäftigt sich anfangs mit der Frage: „Warum gibt es den Mond?“ Celinas erste These bezieht sich nicht auf die Entstehungsgeschichte, sondern enthält den Gedanken, dass die Welt eine andere wäre, wenn es den Mond nicht gäbe: Damit die Welt so sein kann, wie sie ist, muss der Mond existieren. Heinrich überlegt, welchen Zweck der Mond erfüllt, und nicht, welche Ereignisse kausal zu seiner Existenz geführt haben. Es ist interessant, dass jüngere Kinder oft auf ihre eigenen Warum-Fragen mit Zweckursachen antworten. „Warum gibt es den Mond?“ „Damit wir es nachts heller haben!“ Im Gegensatz zu den Wirkursachen („Den Mond gibt es, weil ein Komet auf die Erde geknallt ist und ein Stück von der Erde weggeflogen ist.“) verweisen die Zweckursachen im Grunde immer auf eine handelnde Intelligenz. Folgerichtig liefert Heinrich Gott als Schöpfer des Mondes mit. Simon bricht diese Zwecksetzung pragmatisch auf seine Lebenssituation herunter – schließlich würden häufig Laternen kaputtgehen, da brauche man den Mond, und assoziiert Dunkelheit offenbar mit Angst. „Der ist da, weil die Leute nicht Angst haben“. Er sagt nicht, der Mond existiere,

damit die Leute keine Angst haben, sondern, weil sie nicht Angst haben. Das heißt natürlich nicht, dass das Nicht-Ängstlichsein der Menschen den Mond verursache. Interessanterweise verwendet er dennoch das „weil", was darauf schließen lässt, dass er noch nicht zwischen finalen und kausalen Ursachen unterscheidet. Beides sind Ursachen.

Ein schönes Beispiel, wie Kinder in Nachdenkgesprächen ihre Konzepte und Theorien über die Welt hinterfragen, ist ihr Versuch, die Anzahl der Sterne im Weltraum zu bestimmen. Auch die Verbalisierung der Idee, dass wir inmitten des Weltalls sind, und der Widerspruch dagegen mitsamt des erläuternden Einigungsversuchs, um uns herum sei Weltall, aber dunkel müsse es trotzdem nicht sein, zeigt anschaulich die Lust der Kinder zum gemeinsamen Nachdenken. Der Moderator kann sich hier einfach zurückhalten.

Tipps für die Gespräche mit Kindern

Schärfen Sie die Wahrnehmung der Kinder, indem Sie Unterschiede zwischen Dingen benennen und auf Veränderungsprozesse in der Welt hinweisen. („Ist euch schon einmal aufgefallen, dass der Mond verschieden groß aussieht?")

Verbalisieren Sie im Moment erfahrbare Vorgänge, die mit dem Gesprächsthema zusammenhängen!

Regen Sie das logische Denken der Kinder an, indem Sie bei Widersprüchen ausdrücken, dass sich Ihnen eine neue Frage stellt: „Wenn ihr sagt, der Mond ist da, damit wir nachts besser sehen können, frage ich mich, warum er dann manchmal gar nicht leuchtet."

Versuchen Sie, gemeinsam mit den Kindern bei Warum-Fragen auch kausale (Ursachen) und nicht nur finale (Zwecke) Hypothesen zu entwickeln! Ersetzen Sie, wenn es Ihnen darauf ankommt, kausale Gedanken zu initiieren, das „Warum?" durch „Wie kommt es dazu?".

Wenn sich ein fairer Meinungsstreit zwischen den Kindern ergibt, halten Sie sich mit Zwischenfragen zurück!

Was macht Nachdenkgespräche spannend?

Philosophische Nachdenkgespräche sind spannend, weil sie sich mit Dingen beschäftigen, die nicht alltäglich sind und über die wir uns wundern. Für Platon und Aristoteles war das Staunen der Anfang der Philosophie. Wir alle kennen Märchen und Erzählungen, in denen die Heldin plötzlich durch eine geheime Tür oder den Sturz in die Tiefe in ein wundersames Land kommt, in dem Unheimliches passiert und Abenteuer bestanden werden müssen – Alice im Wunderland oder das Märchen von Frau Holle zum Beispiel. Nachdenkgespräche haben viel von solchen Abenteuerreisen, denn auch hier macht man sich auf, um Neues zu entdecken oder Erstaunliches zu erleben.

Was ein Gespräch spannend macht, sind die Themen. Kinder haben ein sicheres Gespür für Themen, die uns ins Staunen versetzen. Jüngere Kinder finden Dinge spannend, die Emotionen auslösen, die das Außergewöhnliche betreffen oder die jenseits unserer alltäglichen Wirklichkeit liegen. Hier eine kleine Auswahl von Gesprächsthemen, welche von Kindern vorgeschlagen wurden: Indianer, Tiere, Unendlichkeit, Zauberei, Dinos, Gott, Monster, Sterne, Weltall, andere Welten und Planeten, Urmenschen, Meerjungfrauen, Kriege und Bomben, Außerirdische, Sonne, Mond, Ägypten, Geld, Maschinen, Träume, Piraten. Diese Liste ist nur eine kleine Auswahl, aber sie liefert

Themen, die sofort zum Fragen herausfordern: Gibt es heute noch Indianer? Warum waren die Dinos so groß? Wer hat eigentlich das Geld gemacht?

Viele Themen, die Kinder interessieren, haben mit Fantasiewelten zu tun. Die Kulturindustrie hat längst bemerkt, wie sich diese Fähigkeit zum Fantasieren vermarkten lässt und versorgt Kinder mit einem Überangebot an Büchern, Filmen, Comics, Computerspielen und Sammelkarten. Für viele Pädagoginnen sind solche Produkte ein Graus, denn sie erscheinen oft geistlos und wenig originell. Trotzdem sind sie ein wichtiger Bestandteil kindlichen Interesses und gerade deswegen eignen sie sich sehr gut als Anlass für philosophische Nachdenkgespräche. Wichtig ist auch hier, sich mit pädagogisch gut gemeinten, aber in Wahrheit negativ beurteilenden Kommentaren zurückzuhalten. Gerade wenn wir Reflexionsprozesse, z.B. über Gewalt und Rollenstereotype, anregen wollen, bedarf es einer Gesprächsatmosphäre, die auch Raum für die Faszination lässt, die diese Medieninhalte auslösen.

Droste
cacao
Droste
CACAO

Was ist Unendlichkeit?

Kinder fallen Dinge auf, die wir als Erwachsene leicht übersehen. Die meisten Erwachsenen sehen hier eine Kakaopackung, Kinder und Mathematiker aber auch ein denkanregendes Bild zum Thema Unendlichkeit. Die Frau hält eine Kakaoschachtel, auf der sie selbst zu sehen ist, wie sie die Kakaoschachtel hochhält. Und auf dieser Kakaoschachtel ist wieder die Frau zu sehen, wie sie eine Kakaoschachtel hält. Man kann sich leicht vorstellen, wie sich diese Bildfolge unendlich weit fortsetzt.

Auch wenn das Thema Unendlichkeit abstrakt und schwierig scheint, so begegnen wir dem Phänomen im Alltag häufiger, als wir denken. Stellt man zwei Spiegel gegenüber und blickt hinein, kann man erahnen wie die Spiegelung sich unendlich fortsetzt. Sogar Gemüse kann uns zum Nachdenken über Unendlichkeit anregen: Beim Romanesco-Blumenkohl ähnelt jedes Röschen dem ganzen Blumenkohl; und jedes Röschen besteht wieder aus vielen kleinen Blumenkohlröschen. Das Muster dieser Blumenkohlsorte sieht aus, als würde es sich unendlich fortsetzen.

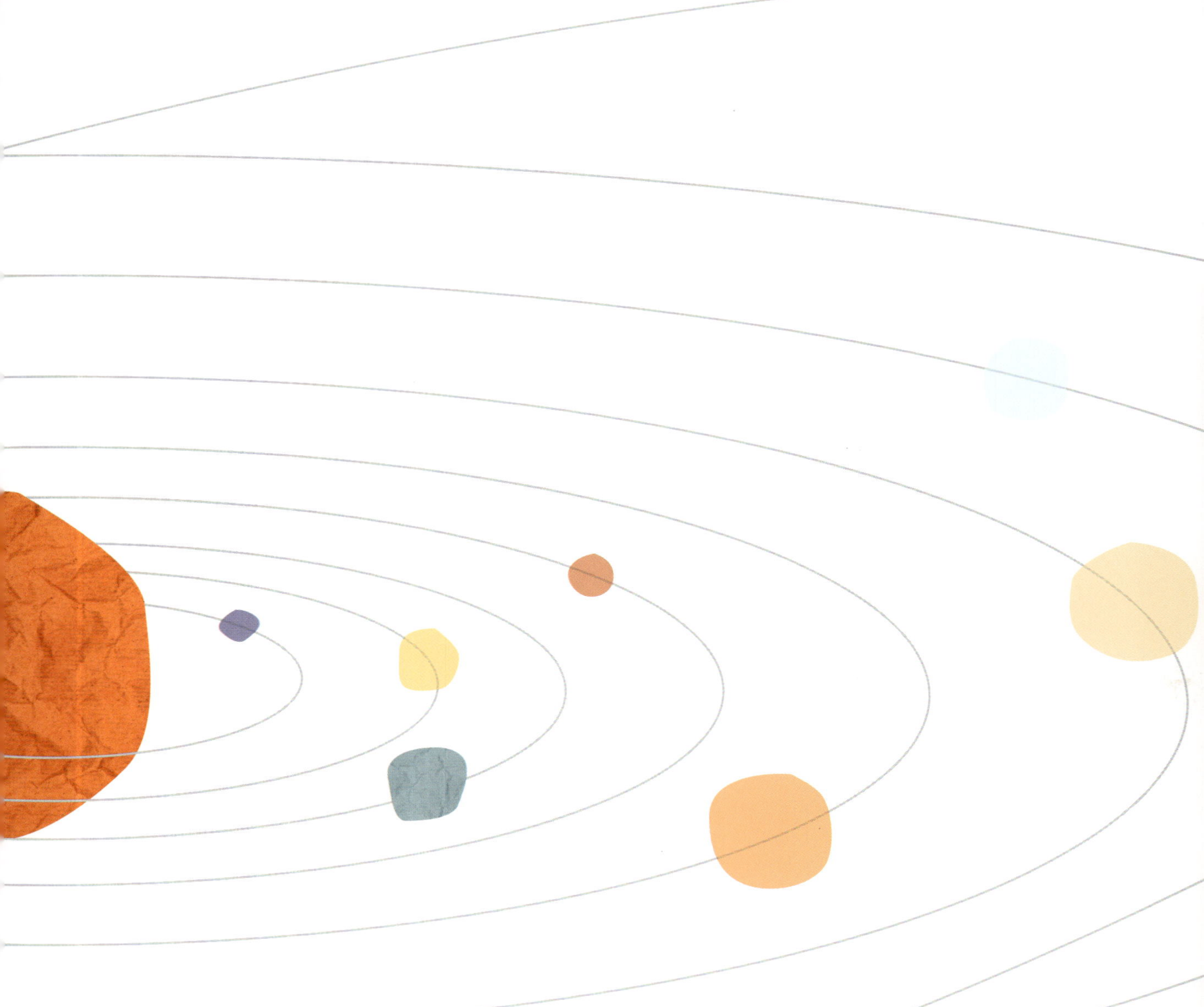

„Also mich würde interessieren, was Unendlichkeit ist?"

Auch das folgende Gespräch mit Ina (5), Frida (6) und David (6) beginnt der Moderator, indem er die Kinder fragt, was sie unbedingt einmal wissen wollten. David stellt sofort eine spannende Frage.

David	Also mich würde interessieren, was Unendlichkeit ist?
Alexander	**Wo gibt es denn eigentlich Unendlichkeit?**
Zwei Kinder	Im Weltraum.
Ina	Bei den Zahlen?

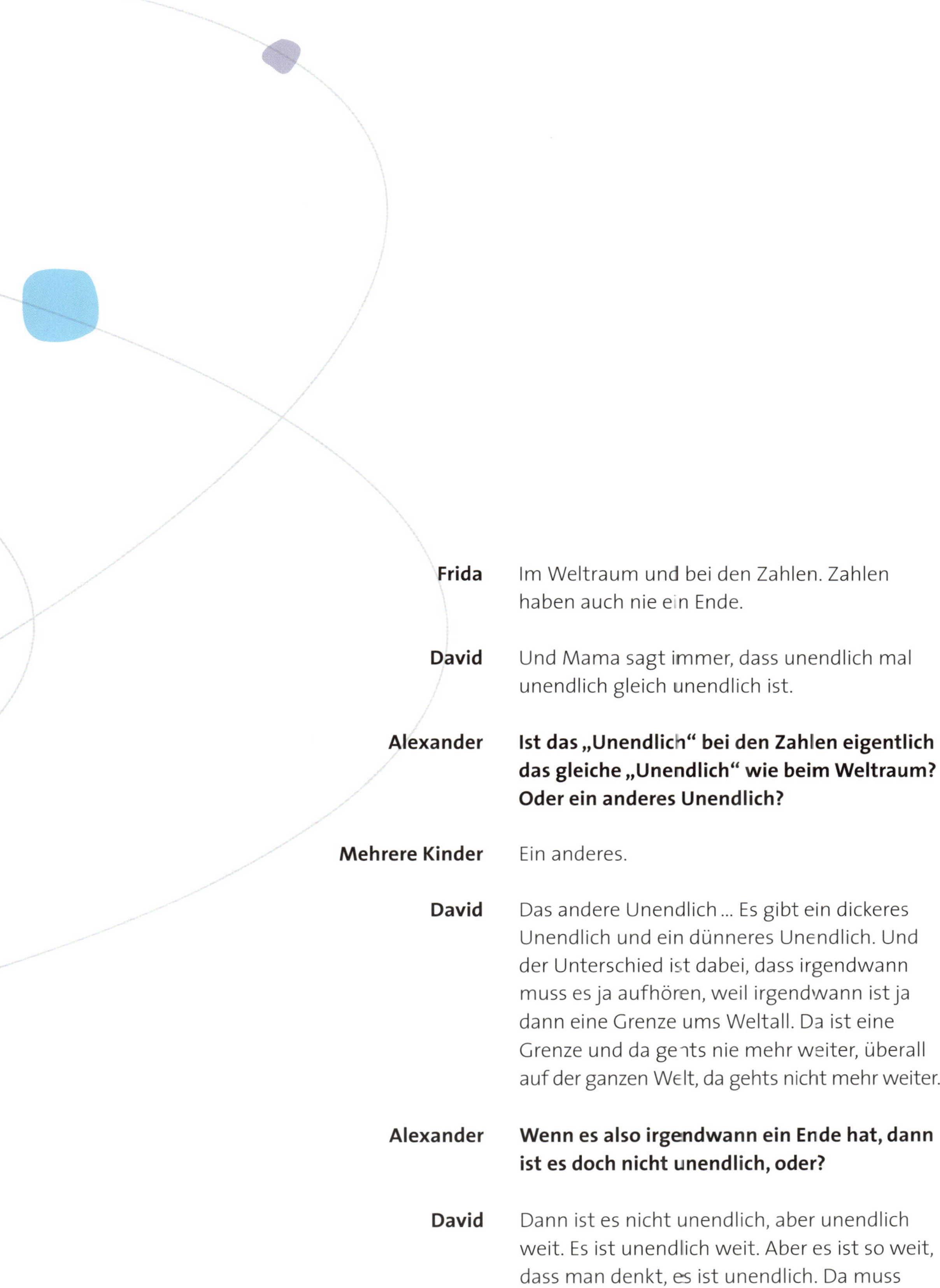

Frida Im Weltraum und bei den Zahlen. Zahlen haben auch nie ein Ende.

David Und Mama sagt immer, dass unendlich mal unendlich gleich unendlich ist.

Alexander **Ist das „Unendlich“ bei den Zahlen eigentlich das gleiche „Unendlich“ wie beim Weltraum? Oder ein anderes Unendlich?**

Mehrere Kinder Ein anderes.

David Das andere Unendlich … Es gibt ein dickeres Unendlich und ein dünneres Unendlich. Und der Unterschied ist dabei, dass irgendwann muss es ja aufhören, weil irgendwann ist ja dann eine Grenze ums Weltall. Da ist eine Grenze und da gehts nie mehr weiter, überall auf der ganzen Welt, da gehts nicht mehr weiter.

Alexander **Wenn es also irgendwann ein Ende hat, dann ist es doch nicht unendlich, oder?**

David Dann ist es nicht unendlich, aber unendlich weit. Es ist unendlich weit. Aber es ist so weit, dass man denkt, es ist unendlich. Da muss man meinetwegen mit einer Rakete zwei Monate fliegen.

Ina Da braucht man aber was zu trinken und zu essen!

Alexander **Stimmt. Da braucht man etwas zu trinken und zu essen, wenn man solange unterwegs ist. Wenn du sagst, irgendwann muss das Universum aufhören. Was kommt denn dahinter, wenn das Universum irgendwann aufhört?**

David Da kommt die Grenze!

Frida Ja, dann kommt die Grenze.

Alexander **Da würde ich gerne mal wissen, was ist HINTER der Grenze?**

Ina Das Mittelalter?

Frida Da geht es nicht mehr weiter, da ist überall, überall Ende! Da bummert man immer wieder ran mit der Rakete, da geht es nicht mehr weiter! Auch wenn man drüber fliegt, an der Seite, geht es nicht mehr weiter ...

Ina Aber wenn der Weltraum zu Ende ist, dann ... dann kann nicht mehr die Sonne leuchten und der Mond ...

David Nein, das geht dann nicht mehr, ist stockfinster ... Eigentlich dauert es Jahre, bis man zur Sonne ist.

Ina Ja, das dauert zehn, zwanzig Monate ... weißt du, wenn man da durch kommt, durch die Grenze, das dauert sooo lange bis man tot ist!

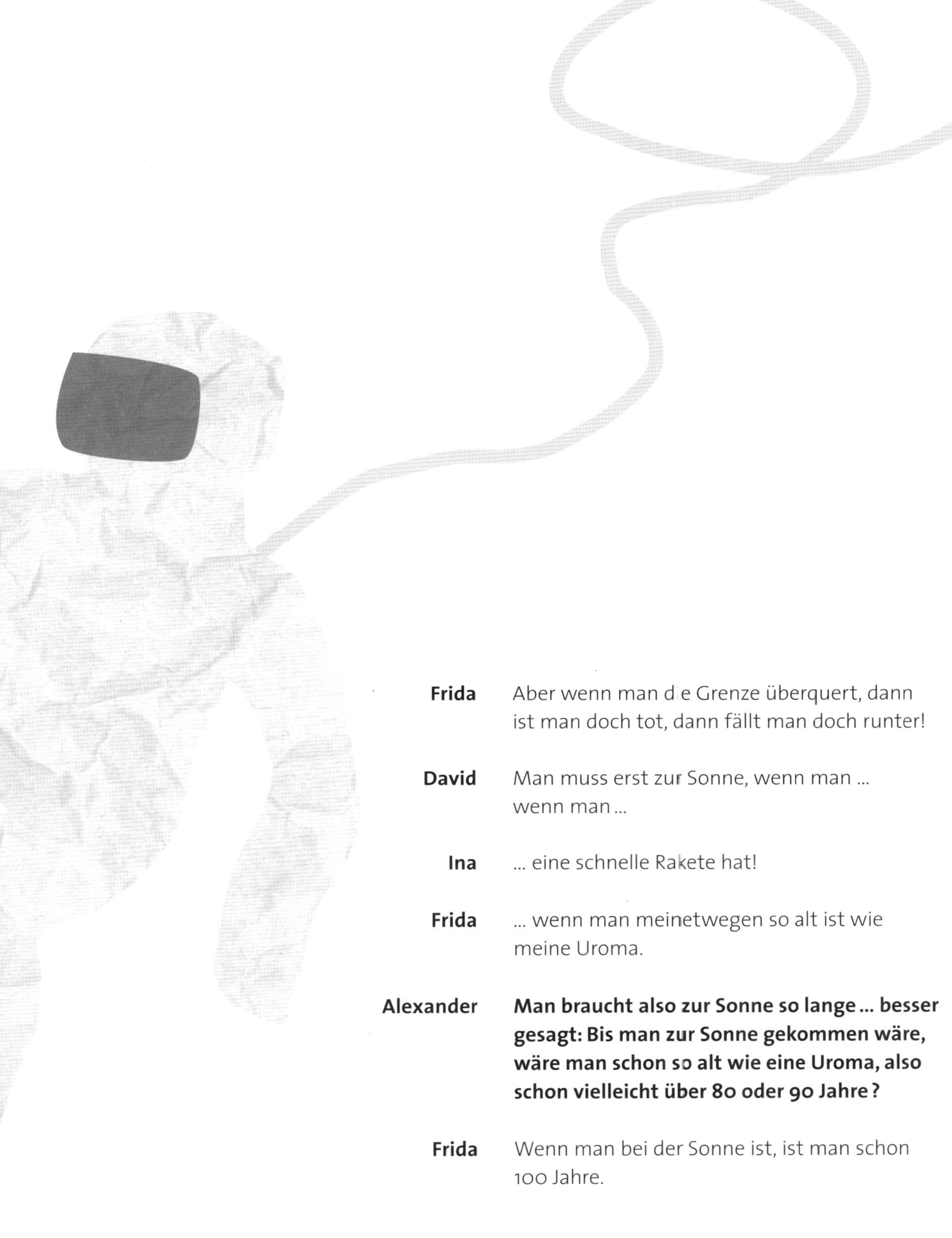

Frida Aber wenn man die Grenze überquert, dann ist man doch tot, dann fällt man doch runter!

David Man muss erst zur Sonne, wenn man … wenn man …

Ina … eine schnelle Rakete hat!

Frida … wenn man meinetwegen so alt ist wie meine Uroma.

Alexander **Man braucht also zur Sonne so lange … besser gesagt: Bis man zur Sonne gekommen wäre, wäre man schon so alt wie eine Uroma, also schon vielleicht über 80 oder 90 Jahre?**

Frida Wenn man bei der Sonne ist, ist man schon 100 Jahre.

Nachdenken über die Grenzen der Welt und die Grenzen des Denkbaren

Alles hat einen Anfang und ein Ende, oder? Bei ihren Versuchen, durch Zählen und Kategorisieren Ordnung in die Welt zu bringen, stoßen Vorschulkinder irgendwann auf das Phänomen „Unendlichkeit“: Man kann Stunden, Tage und Jahre weiterzählen und wird nie zur höchsten Zahl der Welt kommen. Man könnte Jahrmilliarden reisen, ohne jemals die Grenzen des Universums zu erreichen. Und wie wäre es, wenn man unendlich viele Jahre leben könnte?

Die Kinder in unserem Gespräch überlegen, dass es zwischen der Zahlen- und der Weltall-Unendlichkeit Unterschiede gibt. David versucht eine Erklärung über die gegensätzlichen Eigenschaften „dick“ und „dünn“ – wie er das genau gemeint haben könnte, wird nicht klar. Möglicherweise versucht er die Unterscheidung von räumlicher und abstrakter Unendlichkeit zu erfassen (Weltall vs. Zeit), doch mit seinem Versuch, den Unterschied zu beschreiben, gerät er in die Differenz zwischen Unendlichkeit und Endlichkeit. Darauf macht ihn der Moderator mittels einer Wenn-dann-Frage aufmerksam.

David erkennt den Widerspruch und verweist, um ihn aufzulösen, auf den Unterschied zwischen „unendlich“ und „unendlich weit“. Das Weltall sei gar nicht unendlich, wir denken nur, es sei unendlich, weil die Grenze so weit weg ist. Um kenntlich zu machen, wie weit entfernt das Ende des Universums ist, gibt er für einen Raketenflug den Zeitraum von zwei Monaten an.

Ina setzt auf Alexanders Frage nach dem „hinter der Grenze“ den im Gespräch nicht weiter verfolgten erstaunlichen Impuls, dass möglicherweise ein anderes „Zeitalter“ hinter der Grenze des Universums liegt – das Mittelalter. Sie wechselt von der Beschreibungsdimension „Raum“ in die Beschreibungsdimension „Zeit“. Frida benutzt die Beschreibung

einer Mauer als räumliche Grenzidee des Universums und beschreibt – wie sollte es anders sein – wieder nur die „Vorderseite" der Grenze. Die eigene Lebenszeit, die man braucht, um bis zur Grenze des Universums vorzustoßen kommt ins Spiel – genauso wie der Tod, der damit eintritt, dass ganz praktisch und wenig metaphysisch die Grenze des Universums durchstoßen wird, wie es abermals Frida ausdrückt: „Und wenn man die Grenze überquert, dann ist man doch tot, dann fällt man doch runter."

Diese Überlegungen, obwohl sie hier lebenspraktisch gedacht sind, erinnern aber auch an das religiöse Konzept vom Tod als Durchbruch zu einem anderen Leben. Die Kinder denken in diesem Gespräch intensiv zusammen nach. Es ist spürbar, wie das Nachdenken über schwierige Fragen immer auch ein Ringen um die angemessene Sprache ist.

Tipps für die Gespräche mit Kindern

Steigen Sie ein, indem Sie nach dem Vorwissen der Kinder fragen: „Wo gibt es eigentlich …?", „Wo sehen wir …?"

Fragen Sie nach, wenn Ihnen Ideen der Kinder widersprüchlich erscheinen, aber vermeiden Sie es, die „richtige" Meinung vorzugeben. Benutzen Sie Wenn-dann-Fragen, um die logische Struktur deutlich zu machen: „Wenn es ein Ende hat, dann ist es doch nicht unendlich, oder?"

Vorsicht bei dem Wörtchen „oder?" am Ende einer Aussage! Eigentlich soll dadurch Offenheit signalisiert werden. Dieses „oder?" wird von uns im Alltag meist aber rhetorisch verwendet, um Zustimmung zu bekommen. („Das ist doch so, oder?"). Um deutlich zu machen, dass Sie wirklich an der Meinung und den Gedanken der Kinder interessiert sind, verwenden Sie lieber Formulierungen wie „… oder was denkst du?" am Ende einer Aussage.

Wenn Sie merken, dass Ihre Formulierung ungeeignet ist, die Frage zu kennzeichnen, die Sie stellen wollen, korrigieren Sie sich ruhig während des Formulierens („… besser gesagt"). Lassen Sie sich beim Denken zuschauen!

Können Nachdenkgespräche Kinder überfordern?

Um diese Frage zu beantworten, muss man zunächst einmal klären, was Überforderung heißt. Eine Überforderung wäre, wenn auf Kinder Druck ausgeübt oder sie Stress ausgesetzt würden. Tatsächlich können auch Nachdenkgespräche Kinder in diesem Sinne überfordern, nämlich dann, wenn übertriebene Leistungserwartungen gestellt werden und man Kinder krampfhaft zur „richtigen" Antwort bringen will. Die vielen positiven Aspekte eines Nachdenkgesprächs verkehren sich dann in ihr Gegenteil. Das Spielerische und Kreative geht verloren und das Denken blockiert.

Zu einem Nachdenkgespräch gehören vor allem Muße und die Freiheit, das zu sagen, was einem gerade durch den Kopf geht. Im Gespräch mit Kindergarten- und jungen Grundschulkindern ist das Beharren auf einem Gesprächsthema oder auf eine scheinbar endgültige Klärung der Ausgangsfrage unangebracht, denn es geht meistens auf Kosten einer entspannten und spielerischen Gesprächsatmosphäre. Probleme in der pädagogischen Kommunikation entstehen auch dadurch, wenn Erzieherinnen und Lehrerinnen eine bestimmte Meinung im Hinterkopf haben und solange nachbohren, bis die vermeintlich korrekte Antwort ausgespuckt wird. Nachdenkgespräche mit Kindern können aber nur dann gelingen, wenn wir wirklich daran interessiert sind, was die Kinder sagen, und nicht der Vorstellung anhängen, sie müssten beim Gespräch etwas Bestimmtes lernen.

Damit Kinder in Nachdenkgesprächen nicht unter Druck kommen, bedarf es einer nichtwertenden Haltung der erwachsenen Person. Sie muss zuhören und mitdenken. Diese Haltung ermöglicht es auch, angemessen auf Widersprüche einzugehen oder kritisch nachzufragen, ohne Kindern die Lust am Nachdenken zu nehmen. Denn man kann Kindern durchaus zumuten, sie auf Unschlüssigkeiten in ihrem Denken hinzuweisen; nur muss es

auf eine Weise geschehen, die dem Kind eine Möglichkeit lässt, die Widersprüche auf seine Art zu lösen.

Nachdenkgespräche können anspruchsvolle Fragen zum Thema haben: Was ist Unendlichkeit? Wie funktioniert das Internet? Wie sind die Sterne entstanden? Warum heißt ein Tisch „Tisch"? Es wäre aber falsch zu glauben, man müsste solche Themen irgendwie kindgerecht verkürzen, um die Kinder geistig nicht zu überfordern. Im Gegenteil: Je klarer und genauer gesprochen wird, umso mehr profitieren alle davon. Auch jüngere Kinder können abstrakte Begriffe verstehen und sie schnell relativ sicher verwenden. Verfügt man beispielsweise über ein entsprechendes Fachwissen in einem Themengebiet, kann man es ruhig in die Gespräche einbringen. Wichtig ist nur, dass man die fragende Haltung beibehält und sich im Gespräch stets rückversichert, dass man verstanden wird. Interessanterweise führen uns aber gerade die einfachen Fragen zu erstaunlichen Einsichten. Auch bei Nachdenkgesprächen mit Kindern kann man sich also an den Ratschlag halten, der angeblich von Albert Einstein stammt: „Man sollte alles so einfach wie möglich machen, aber nicht zu einfach."

Was sind Träume?

Dieses Gemälde Henri Rousseaus, das er 1910 kurz vor seinem Tod malte, gibt uns ein Bild davon, wie unvermittelt wir uns in den Parallelwelten der Träume wiederfinden. Eben noch haben wir auf einem Sofa vor uns hingedöst, und schon finden wir uns in einer seltsamen Welt wieder, die uns aber vertraut und wirklich vorkommt

Der chinesische Philosoph Dschuang Dschou erzählt folgende Geschichte, über die es sich lohnt, noch ein wenig nachzudenken: „Einst träumte Dschuang Dschou, dass er ein Schmetterling sei, ein flatternder Schmetterling, der sich wohl und glücklich fühlte und nichts wusste von Dschuang Dschou. Plötzlich wachte er auf: da war er wieder wirklich und wahrhaftig Dschuang Dschou. Nun weiß ich nicht, ob Dschuang Dschou geträumt hat, dass er ein Schmetterling sei, oder ob der Schmetterling geträumt hat, dass er Dschuang Dschou sei, obwohl doch zwischen Dschuang Dschou und dem Schmetterling sicher ein Unterschied ist.“ [7]

---

7 Dschuang Dsi: Das wahre Buch vom südlichen Blütenland. Übersetzt von Richard Wilhelm. Diederichs Verlag, München 1. Auflage 2008.

„Und ich hab schon mal ein Albtraum geträumt, der wirklich wahr war!"

Was sind Träume? Wie kommt es, dass man schlecht träumt und woran merkt man, dass man träumt, wenn man träumt? Mit diesen Fragen beschäftigen sich die Kinder Klara (5), Katharina (5), Sarah (6) und Tobias (6) in dem folgenden Gespräch. Anlass war die Frage einer Erzieherin, ob Tiere eigentlich auch träumen können.

Klara Also: Die Tiere träumen von Tierträumen, die Menschen träumen von bösen Träumen und von lieben Träumen. Ich hab heut von bösen Träumen und von lieben Träumen geträumt, von Dinosauriern hab ich heut geträumt.

Katharina Ich hab schon mal was geträumt und dann dacht' ich, das war in echt. Aber dann, wo es hell war, dann dacht' ich: Das war ja nicht ein echter Traum, das war nicht in echt! Aber ich hab schon mal etwas Schönes geträumt, und zwar war da Weihnachten und da sind die Katzen auf dem Weihnachtsbaum geklettert und haben da so geschaukelt und dann waren die runter gefallen und dann hab ich gesagt: Katzen, hört auf damit!

Alle lachen.

Sarah Und ich hab schon mal einen Albtraum geträumt, der wirklich wahr war!

Alexander **Der war wirklich wahr? Erzähl mal!**

Sarah Ich war bei Omi und Opi und da war die Polizei und hat auf der Straße einen Jungen angekettet, weil der zu viel Alkohol getrunken hat. Da standen so viele Mädels und ein Jugendlicher hat zu viel getrunken.

Alexander **Und davon hast du dann geträumt?**

Sarah Und dann hab ich in der Nacht geweint, ganz lang.

Alexander **Da warst du traurig. Wieso merken wir denn im Traum nicht: ‚Das ist nur ein Traum!' Dann müsste man ja eigentlich gar keine Angst haben oder traurig sein im Traum.**

Katharina Es ist schon mal passiert, dass ich so was gemerkt hab! Das war sehr angenehm.

Alexander **Das war sehr angenehm für dich?**

Katharina Hm. Also das war sehr gut, aber auch'n bisschen schlecht.

Alexander **Was war schlecht daran?**

Katharina Na, weil das bei mir ein Albtraum war.

Alexander **Ach so, das war ein Albtraum und dann hast du gemerkt, dass du träumst?**

Katharina Hm.

Tobias Ich hab mal was Böses geträumt. Und als ich geträumt hab, bin ich aufgewacht und dann hab ich gesagt: Das war ja ein Traum! Und dann hab ich schnell einen lieben Traum geträumt.

Alexander **Meinst du, man kann sich das manchmal aussuchen, ob man lieb oder schlecht träumt?**

Tobias Na, immer wenn ich böse Träume hab, dann werde ich immer einen lieben Traum nehmen, wenn ich aufwache.

Sarah Ich hab schon mal einen schönen Traum geträumt. Da hat mein Papa mir ein Geschenk geschenkt und da waren Edelsteine und Gold drin.

Alexander **Wow! Das hört sich ja toll an! Wieso träumen wir denn manchmal auch schreckliche Sachen, bei denen wir Angst bekommen?**

Katharina Weil wir das schon einmal erlebt haben und dann träumen wir das schlecht.

Sarah Ich hab mal'n Film geguckt und da war'ne böse Hexe und den Traum hab ich dann geträumt.

Alexander **Und hattest du dann Angst in dem Traum?**

Sarah Hm, da bin ich schnell zu Mama und Papa gerannt.

Katharina Fandest du dann auch den Weg?

Sarah Ja, ich weiß ja, wo die sind.

Nachdenken über den Unterschied zwischen Traum und Wirklichkeit

Träume entführen in wunderschöne Welten, aber auch in Orte des Schreckens: Für Kindergartenkinder ist es eine große Aufgabe, der allnächtlichen Flut an Bildern und Emotionen Herr zu werden. Was ihnen tagsüber schon gut gelingt – Gefühle einordnen und verstehen, Stimmungslagen verstehen – stellt ihre Tapferkeit im Traum immer wieder auf die Probe.

Auch dieses Gespräch hat etwas von der Unschärfe eines Traumes. Die Aussagen der Kinder bleiben in der Schwebe. Mehrere Kinder äußern in diesem Gespräch die Theorie, dass man dann schlecht träumt, wenn man etwas Böses erlebt hat und erwähnen überdies, dass nicht nur das echte Erleben, sondern auch schon das Schauen von Filmen schlechte Träume verursacht.

Sarah nimmt die Frage nach dem Traum zum Anlass von einem nächtlichen Erlebnis zu sprechen, das offensichtlich wirklich passiert ist. Es wird nicht vollständig klar, ob sie es ausschließlich erlebt oder zudem noch geträumt hat oder ob sich das Vorkommnis einfach nur in der Nacht abgespielt hat. Sie lehnt sich hier an ein weit verbreitetes Sprachbild an, indem sie eine schlimme Situation als „wahren Albtraum" bezeichnet, von der sie aber zusätzlich sagt, dass sie diesen Albtraum „geträumt" habe. Sie gibt ein Beispiel, wie sich Traum und Realität in unserer Wahrnehmung manchmal seltsam vermischen können.

Auf die Frage, inwiefern man selbst bestimmen kann, ob man gut oder schlecht träumt, gehen die Kinder nicht explizit ein. Sie scheinen vielmehr vorauszusetzen, dass es so ist, oder greifen es als Gedankenexperiment auf. Tobias antwortet ganz logisch, dass er sich immer einen lieben Traum aussuchen würde.

Katharina artikuliert die Meinung, sie habe während eines Albtraums bemerkt, dass sie träume und beschreibt eine in Teilen befreiende Wirkung dieses Wissens. Zentral ist hier, dass sie dieses innerliche Erleben mit den anderen Kindern im Kindergarten teilt und es als interessante Erfahrung wertgeschätzt wird. Bei Nachdenkgesprächen mit Kindern geht es nicht in erster Linie um den Gewinn von philosophisch tiefgründigen Einsichten,

sondern um den Gedankenaustausch, die Wertschätzung der kindlichen Vorstellungswelten und die Anerkennung ihrer Neugier. Die Kinder im vorliegenden Gespräch haben vor allem Traumerfahrungen geschildert, sind aber durch denkanregende Impulse über das Phänomen Traum in einer Weise aufmerksam geworden, die über eine rein anekdotenhafte Wiedergabe des Traumgeschehens hinausgeht.

Tipps für die Gespräche mit Kindern

Beharren Sie nicht auf einem Aspekt des Themas, wenn die Kinder Ihre Frage nicht aufgreifen.

Nehmen Sie das von den Kindern Gesagte auf und stellen Sie es in einen allgemeinen Zusammenhang.

Stellen Sie vermeintliche Selbstverständlichkeiten in Frage und werfen Sie auch ungewöhnliche Fragen auf: „Woher wissen wir, dass das ganze Leben nicht eigentlich ein Traum ist?“

Unterstützen Sie die Kinder dabei, das auszudrücken, was die Kinder wirklich selbst meinen, indem Sie Formulierungen verwenden wie: „Meinst du, dass ...“ oder „Habe ich dich richtig verstanden, ...“

Lassen Sie die Kinder Beschreibungen präzisieren: „Was genau war schlecht daran?“

Wie unterstützt man die Fantasie der Kinder?

Kinder bedienen sich der Vorstellungskraft, wenn sie mit ihrem Wissen nicht weiterkommen oder wenn ihre Logik mit dem Erwachsenendenken kollidiert. In einem Gespräch über Träume erzählte Sarah etwa, dass sie einen unsichtbaren Menschen gesehen habe. Auf die Gegenfrage, wie sie denn einen unsichtbaren Menschen sehen konnte, schließlich könne man Unsichtbares ja nicht sehen, antwortet sie, sie hätte eben eine spezielle Brille aufgehabt.

Auch wenn uns in der Erwachsenenperspektive ihre Begründung als fantastische Ausflucht vorkommen mag, so ist sie doch in sich logisch. Sarah erkennt den Widerspruch, gebraucht aber ihre Fantasie, um ihn zu lösen, in dem sie die spezielle Brille als Unterscheidungskriterium einführt. Man kann hieran erkennen, dass Fantasie und Logik nicht zwei sich ausschließende Gegensätze sind. Auch bei fantastischen Äußerungen bleiben Kinder innerhalb logischer Grenzen.

Problematisch ist es vielmehr, wenn Erwachsene die fantastischen Anekdoten von Kindern generell in Frage stellen – nach dem Motto: „Unsichtbare gibt es nicht!“ Denn man kann davon ausgehen, dass Kinder diesen Fantasieprodukten durchaus eine Wirklichkeit zugestehen. Das bedeutet aber nicht, dass diese Fantasiewesen für sie in dem gleichen Maße

real sind, wie etwa eine lebende Person, die vor ihnen sitzt. Kinder können sehr wohl zwischen Realität und Fantasie unterscheiden. Es wäre daher falsch, die Fantasie der Kinder begrenzen zu wollen. Interessiertes Nachfragen über die Fantasiegestalten, ohne die Aussagen zu bewerten, scheint auch hier der beste Weg zu sein.

Umgekehrt sollte man sich aber auch bewusst machen, dass viele Fantasieprodukte gar nicht von den Kindern kommen, sondern von Erwachsenen. Bevor Kinder etwa an den Weihnachtsmann glauben, muss ihnen jemand vom Weihnachtsmann erzählt haben. Es stellt sich daher schon die Frage, warum wir Kindern Dinge vermitteln, an die wir selbst nicht glauben. Oder glauben wir vielleicht doch selbst daran? Gleich welche Glaubensvorstellungen wir haben – es sollte der Grundsatz gelten, dass in einem auf gegenseitigem Respekt begründeten Gespräch unterschiedliche Weltsichten nebeneinander stehen bleiben dürfen, ohne dass sich eine als die vermeintlich wahre durchsetzen muss.

Was passiert, wenn man stirbt?

Fast jeder kennt das Märchen der Gebrüder Grimm vom Gevatter Tod, wo der Tod gerechter ist als Gott, weil er alle gleich behandelt. Die Frage, was mit einem passiert, wenn man stirbt, ist vielleicht der Ursprung für alles philosophische Nachdenken. Auch junge Kinder stellen diese Frage und kein Mensch kommt um diese Frage herum. Denn einerseits weiß der Mensch sicher, dass er sterben wird, andererseits ist er ein Lebewesen, das sich seines Bewusstseins selbst bewusst ist. Das wirft automatisch die Frage auf, ob dieses Bewusstsein den körperlichen Tod überdauern könnte. Aber eine endgültig sichere Antwort kann niemand geben – denn der Tod ist das „unentdeckte Land, von des Bezirk kein Wandrer wiederkehrt“.[8]

Viele Religionen beantworten die Frage „Was kommt nach dem Tod?“ mit detaillierten Beschreibungen über das Leben im Jenseits. Die moderne Wissenschaft erklärt, was beim Sterben geschieht, aber sie kann (noch) keine Antwort darauf geben, ob unser Ich-Bewusstsein noch existiert oder nicht, wenn der Körper gestorben ist. Sie verweist stattdessen auf den persönlichen Glauben. Am Ende bleibt uns also nur, selbst eine Antwort auf diese Frage zu finden.

8 Shakespeare, William: Hamlet. Übersetzt von August Wilhelm Schlegel. Fischer Verlag, Frankfurt am Main 2. Auflage 2008.

„Der Geist kommt aus der Erde und zieht in den Himmel.“

Elsa (5), Kaspar (6) und Rahel (5) haben dem Märchen „Gevatter Tod“ der Brüder Grimm zugehört. Alexander fragt die Kinder, was mit einem eigentlich passiert, wenn man stirbt.

Elsa Wenn jemand stirbt, dann geht der Geist aus dem Körper.

Alexander **Und was meinst du denn mit Geist?**

Elsa Ein normaler Geist … wie ein Gespenst.

Alexander **Wie ein Gespenst also? Meinst du damit, dass in uns ein Gespenst ist?**

Elsa Nein.

Alexander **Nein? Wie meinst du das denn?**

Elsa Der Geist verwandelt … Der Geist ist ein normaler Mensch.

Alexander **Also, du meinst, wenn man stirbt, dann kommt der Geist aus dem Körper?**

Kaspar Nee, die Seele!

Alexander **Was ist denn der Unterschied zwischen Geist und Seele?**

Kaspar Dass die Seele rund ist und der Geist nicht rund.

Rahel Ja, die Seele steigt in den Himmel, wenn man tot ist.

Elsa Das ist genau so wie der Geist!

Rahel Und der Mensch wird dann tot.

Kaspar Ja, wird eingegraben.

Alexander **Haut, Fleisch und Knochen werden eingegraben. Der Körper wird eingegraben ...**

Rahel ... und die Seele und das Herz gehen in den Himmel!

Elsa Das sagen die Christen.

Alexander **Das sagen die Christen? Wer sind denn eigentlich die Christen?**

Kaspar Wie wenn man getauft wird.

Elsa Meine Oma ist getauft.

Kaspar Der Geist kommt aus der Erde und zieht in den Himmel.

Elsa Das stimmt doch gar nicht!

Alexander **Warum, denkst du, dass das nicht stimmt?**

Elsa Weißt du, warum ich das nicht glaube? Weil es überhaupt keine Geister auf der Welt gibt, die leben!

Kaspar Meine Mama sagt, der Geist kommt dann raus und meine Mama weiß schon viel.

Nachdenken über Körper und Seele

Eine Frage, die auch heute viele Philosophinnen und Philosophen beschäftigt, ist die Frage nach dem Zusammenhang von Körper und Geist. Wie kann eigentlich in so einem Haufen aus Fleisch, Haut und Knochen Denken und Bewusstsein entstehen? Produziert unser Gehirn unsere Gedanken? Und wenn ja, wie tut es das? Oder gibt es doch so etwas wie eine Seele, eine bewusste Energie, die uns im Innersten bestimmt? Aber wie können wir diese objektiv feststellen?

Im Gespräch über die Frage, was nach dem Tod passiert, stoßen Kinder sehr schnell auf das sogenannte Leib-Seele-Problem. Dabei beschäftigen sie sich mit den Begriffen wie Geist und Seele, die ihnen zunächst selbstverständlich erscheinen. Kaspar gibt äußerliche Eigenschaften als Entscheidungskriterien an: Die Seele ist in seiner Vorstellung rund, der Geist nicht. Gemeinsam ist dem Geist und der Seele, dass sie beim Tod vom Körper getrennt „in den Himmel gehen" – Rahel ergänzt als dritte Variante dieses Modell mit dem Begriff des Herzens.

Bei diesem Gespräch ist auffällig, dass Elsa nach dieser Aufzählung den Realitätsgehalt relativiert, indem sie darauf hinweist, dass die Christen dies glaubten. In diesem Moment wird die Vorstellung von der Seele / dem Geist / dem Herzen, die in den Himmel gehen, als Überzeugungsinhalt einer Gruppe von Menschen charakterisiert, der dann nicht mehr den Anspruch hat, universal gültig zu sein – sein Geltungsbereich wird in der Kindergruppe selbst eingeschränkt.

Dass der Geist aus der Erde kommt und in den Himmel zieht, wie es Kaspar und offenbar seine Mutter sagen, wird von Elsa allerdings als Alternative nicht akzeptiert und abgelehnt – und die Ablehnung wird explizit begründet („Weißt du, warum ich das nicht glaube, weil es überhaupt keine Geister auf der Welt gibt, die leben.")

In diesem Gespräch denken die Kinder über kulturell in ihre Begriffswelt transportierte Ideen nach. Daran wird deutlich, warum philosophische Nachdenkgespräche für jüngere Kinder wichtig sind. Zunächst einmal werden das eigene Weltwissen und kulturelle Ideen rekapituliert und in der eigenen Sprache wiedergegeben. Dann werden die sonst isolierten Begriffe und Vorstellungen gedanklich in einen neuen Zusammenhang gestellt und mit anderen Begriffen vernetzt. Schließlich tauchen im Gespräch fremde Ansichten und gedankliche Probleme auf, die wiederum zu kreativen Einfällen führen und die Fähigkeit erfordern, sich in andere Gedankenwelten hineinzuversetzen.

Tipps für die Gespräche mit Kindern

Geschichten, Mythen und Märchen eignen sich gut, um Nachdenkgespräche einzuleiten. Wenn Sie gerne erzählen, erleichtert das die Gesprächssituation, da lebendig Erzähltes eher eine Dialogsituation zulässt als das Vorlesen.

Stellen Sie „eigentlich"-Fragen, wenn Begriffe vorkommen, die Sie klären wollen! „Wer sind denn eigentlich Christen?" Hier signalisiert „eigentlich", dass die Frage keine Osterhasenfrage ist, wie etwa eine Frage nach dem Motto: „Ich weiß schon, was Christen sind, aber will mal sehen, was ihr darüber wisst". Sondern, dass Sie sich gewissermaßen selbst noch einmal fragen und auf die Antwort als Anregung gespannt sind.

Stellen Sie „Und was genau ist ...?"-Fragen. Das zeigt, dass Sie im Prinzip ahnen, worum es sich handelt und zugleich, dass Sie eine Präzisierung brauchen, um eine genaue Vorstellung des Gemeinten zu entwickeln.

Fragen Sie nach Unterschieden und Gemeinsamkeiten von ähnlichen Gegenständen, Lebewesen und Vorstellungen: „Was haben Tiger und Löwe gemeinsam? Was ist der Unterschied zwischen einem Tiger und einem Löwen?"

Fragen Sie nach Begründungen, indem Sie die Warum-Frage ergänzen durch die Zusätze „Denkst du, dass ..." oder „Meinst du, dass ..."!

Wie gehe ich mit schwierigen Kinderfragen um?

Bei manchen Themen fällt es uns schwer, mit Kindern – und Erwachsenen – darüber zu sprechen. Meistens sind es die Themen, die eine existenzielle Bedeutung für uns haben: Tod, Geld, Sex, persönlicher Glaube. Kinderfragen machen auch vor solchen Themen nicht halt und so kommen wir in die Situation, mit Kindern über Themen zu reden, über die wir eigentlich gerade mit Kindern nicht sprechen wollten. Manche Gesprächsthemen sind uns zu intim oder passen nicht so recht zu der Vorstellung einer von den großen Lebensproblemen entlasteten Kindheit.

Grundsätzlich gilt, dass man sich nicht gezwungen fühlen muss, sich zu einem Thema zu äußern, zu dem man gerade nichts sagen will. Jeder hat das Recht zu schweigen oder zu einem anderen Thema überzugehen – das gilt für Kinder wie für Erwachsene. Wenn einem eine Kinderfrage zu persönlich ist, dann sollte man als Erzieherin aber mit Sensibilität reagieren, sodass bei dem fragenden Kind nicht der Eindruck entsteht, es hätte mit der Frage etwas falsch gemacht oder es gebe Tabuthemen. Manchmal reicht etwa der Hinweis, dass man selbst auch persönliche Geheimnisse hat oder dass man dem Bedürfnis nach einem anderen Gesprächsthema nachgehen möchte.

Nicht richtig wäre aber die Vorstellung, man dürfe mit Kindern über bestimmte Themen nicht reden, weil sie dadurch überfordert würden. Gerade ein Thema wie Tod und Gewalt ist für Kinder nicht nur faszinierend, sondern die gedankliche Auseinandersetzung darüber hilft gleichzeitig dessen Bedrohlichkeit zu bewältigen. Eine nachdenklich fragende Haltung und die Zentrierung auf die Fragen der Kinder sollte – wie bei allen Nachdenkgesprächen – überwiegen. Das, was wir wissen, können wir offen und ohne Schönrederei kommunizieren. Um Miss-

verständnisse zu vermeiden, ist es aber in der Zusammenarbeit mit Eltern hilfreich, die Eltern regelmäßig darüber zu informieren, welche Gespräche in der Kita geführt wurden oder im Vorfeld darauf hinzuweisen, welche Themen anstehen.

Philosophische Nachdenkgespräche sind keine therapeutisch-psychologischen Gespräche! Es geht beim Philosophieren darum, das gemeinsame Wissen über die Welt und unser Denken zu erweitern. Wenn Kinder in Nachdenkgesprächen von ihren schwierigen Situationen berichten, dann muss dafür Raum sein, doch sollte man sich als Pädagoge mit Kommentaren und Nachfragen zurückhalten, die über eine ehrliche Anteilnahme hinausgehen. Selbstverständlich dürfen Erwachsene Kinder auch nicht mit emotionalen Problemen belasten, deren Zusammenhänge für die Kinder nicht klar sind.

Was darf man und was nicht?

Was ist erlaubt? Was ist verboten? Was soll ich tun? Was soll ich besser lassen? Die Fragen nach der richtigen Handlung bestimmen unser Leben. Das beginnt schon im Kindergarten. Darf ich Paula das Stück Kuchen wegnehmen, weil ich Hunger habe? Muss ich jedes Kind immer mitspielen lassen? Warum dürfen Erwachsene Sachen, die Kinder nicht dürfen?

Mit Fragen nach dem richtigen Tun beschäftigt sich die philosophische Disziplin der Ethik. Ethische Fragen haben nicht nur eine persönliche Dimension, sondern auch eine gesellschaftliche. Denn wie wir uns verhalten, hat unmittelbare Auswirkungen auf die Umwelt und unsere Mitmenschen.

Früher war man landläufig der Auffassung, dass Kindern Moral quasi mühevoll eingetrichtert werden müsse. Tatsächlich könnte man einen Großteil unserer Erziehungsmaßnahmen als Moralerziehung bezeichnen: Wir betreiben viel Aufwand, Kindern zu sagen, was richtig und was falsch ist. Doch weisen erst vor kurzem gemachte Studien darauf hin, dass die Empfindung für Moral angeboren zu sein scheint.
So unterschieden auch unter einjährige Kinder sehr wohl zwischen guten und schlechten Taten.[9]

---

9 Bloom, Paul: The Moral Life of Babies. In: New York Times Magazine, 5. Mai 2010. http://www.nytimes.com/2010/05/09/magazine/09babies-t.html / (Stand 06.06.2011)

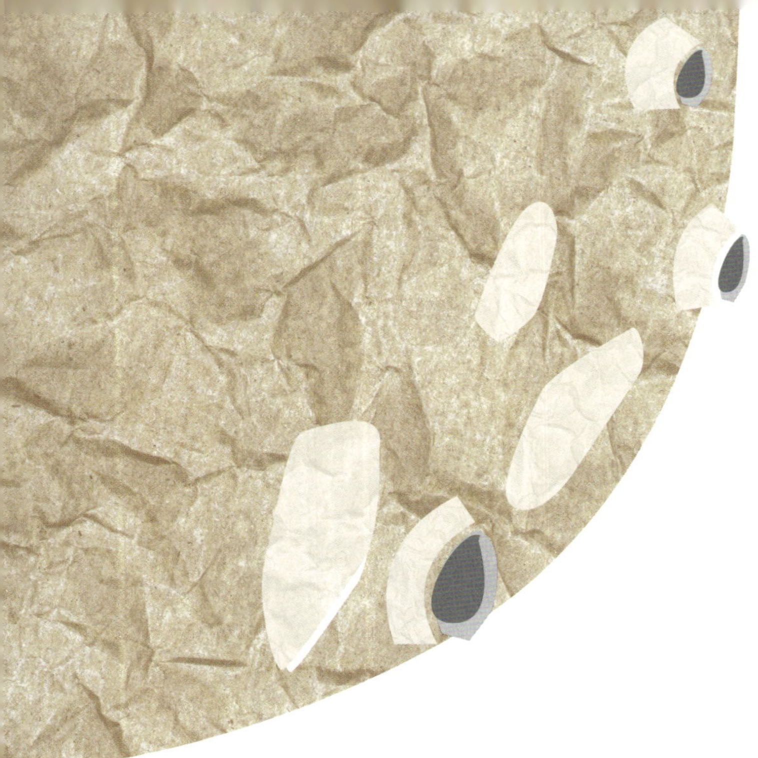

„Warum dürfen Erwachsene Sachen, die Kinder nicht dürfen?“

Nelly (6), Edgar (5) und Elsa (6) sitzen am Tisch zusammen und malen. Sophie (6) und Walter (6) sind in der Nähe und gehen anderen Spielbeschäftigungen nach. Nelly kommt mit einer Frage, die sie immer wieder beschäftigt.

Nelly ***[verärgert]*** Warum dürfen die Eltern immer alles machen und die Kinder nicht? Nö, das ist gemein!

Alexander **Was genau findest du gemein, Nelly?**

Nelly Na, dass die Eltern alles machen dürfen und die Erwachsenen alles machen dürfen und die Kinder nicht. Das ist gemein!

Edgar Das ist auch unfair!

Alexander **Was dürfen denn Erwachsene machen, was Kinder nicht dürfen?**

Nelly Na die dürfen ...

Elsa Zum Beispiel länger aufbleiben!

Alexander **Länger aufbleiben. Mhm.**

Nelly Und dann dürfen die ...

Edgar Ich kann was sagen, was Kinder dürfen und was Erwachsene nicht dürfen!

Alexander **Aha, es gibt also Sachen, die dürfen Kinder und die dürfen Erwachsene nicht?**

Edgar Nur eine Sache! Die Erwachsenen dürfen nicht an die Seite pullern.

Alexander **Die Erwachsenen dürfen ... Ja, die dürfen nicht an die Seite pullern?**

Elsa Aber ich puller immer an die Seite! *[lacht]*

Nelly Kinder dürfen das eigentlich auch nicht!

Alexander **Vielleicht dürfen das ja auch sogar Erwachsene, aber die Erwachsenen trauen sich das nicht so richtig?**

Walter Nein! Das geht nicht!

Edgar Mein Papa, wenn der unbedingt ganz, ganz nötig muss, dann hält der da an, wo ihn niemand sieht, und geht dann da hin, wo ihn niemand sieht.

Alexander **Aber bei'nem Kind sagt man, das ist okay, wenn es gleich an der Straße pullert?**

Nelly Ja, aber das ist klein und kann hinter'm Baum stehn!

Alexander **Ach so, meinst du, das Kind sieht man einfach weniger, deswegen darf es das eher?**

Nelly Hm.

Alexander **Gibt es noch andere Sachen, die Kinder dürfen und die Erwachsene nicht dürfen?**

Edgar Ich darf zum Beispiel keinen bösen Film angucken, nur meine Mama und mein Bruder und mein Papa! Weil die denken, dass ich Angst habe.

Alexander **Ich meinte das eigentlich umgekehrt … Aber würdest du gern mal einen bösen Film anschauen?**

Nelly Jaaa!

Walter Aber Fluch der Karibik ist nur für Erwachsene, weil da werden auch Menschen getötet und das kann man sehen. Den hab ich schon mal gesehn.

Alexander **Und hast du da Angst gehabt?**

Walter Nee, ich hab kein Stückchen Angst gehabt.

Alexander **Nee, was denkt ihr denn, warum erlauben das die Erwachsenen den Kindern sonst nicht?**

Nelly Na, weil die Kinder bestimmt bei dem Film müde werden. Aber das stimmt eigentlich nicht. In der Nacht gucken wir auch mal einen schönen Film, aber die schicken einen mitten in der Filmsekunde, wo es schön ist, gleich ins Bettchen. Das ist gemein!

Elsa Weißt du, ich hab schon mal die Stadtmusikanten geguckt, da bin ich mitten im Liegen auf der Couch eingeschlafen und da hab ich alles verpasst.

Sophie Weißt du was? Meine Mama, die sagt immer, Kinder dürfen keine Erwachsenen-Kaffees trinken, weil die sonst schlecht schlafen.

Edgar Aber Kinder-Kaffee, den dürfen auch Kinder trinken!

Alexander **Soll ich euch was sagen? Auch Erwachsene schlafen schlecht, wenn sie viel Kaffee trinken.**

Nelly Und wenn Erwachsene zu viel Wein trinken… Wenn Erwachsene Wein trinken, dann können sie nicht mehr Auto fahren.

Alexander **Dann können sie nicht mehr Auto fahren und dann dürfen sie auch kein Auto mehr fahren. Aber Kinder dürfen gar keinen Wein trinken.**

Nelly Ich weiß was, was Eltern nicht dürfen, aber Kinder auch nicht! Die dürfen keinen Babybrei essen!

[Lachen]

Alexander **Ja, aber… Mal ehrlich, ist das denn verboten Babybrei zu essen? Es kann doch auch ein Erwachsener mal Babybrei essen, wenn er Lust drauf hat.**

Mehrere Kinder Bäääh! Ihhh!

Elsa Aber weißt du was? Meine Mama hat schon mal Babybrei gegessen.

Nachdenken über Verbotenes und Ungewohntes

Erwachsene dürfen alles, Kindern ist ganz viel verboten: Diese unter Kindern verbreitete Wahrnehmung gibt häufig Anlass zum Nachdenken. Die „Großen" dürfen bestimmen, und den Kindern scheint es naheliegend, dass sie diese Macht oft genug auch für unfaire Regelungen ausnutzen. Auch in unserem Gespräch geht es um diese alte Frage: Eltern dürfen alles machen, so Nellys Behauptung. Was genau denn eigentlich? Welche Verbote für Kinder sind verstehbar, welche sind schlicht unfair? Daran schließen sich Fragen an wie: Ist es gerecht, wenn alle das Gleiche machen dürfen?

Edgar fällt eine Ungerechtigkeit ein, deren Benachteiligung nicht auf der Kinderseite, sondern auf der Erwachsenenseite liegt. Hier wird deutlich, dass das Phänomen „Ungerechtigkeit" selbst im Fokus steht, nicht nur das eigene Sich-ungerecht-behandelt-fühlen. Erwachsene dürfen nicht an den Straßenrand pinkeln. Alexander fragt hier nicht nach Gründen für die Regel, sondern stellt das Verbot für Erwachsene in Zweifel. Handelt es sich wirklich um ein Verbot? Oder schämen sich Erwachsene einfach nur?

Diese Frage wird von den Kindern im Gespräch nicht weiter verfolgt, stattdessen rekapitulieren sie für Erwachsene erlaubte Varianten: Man darf also an den Rand pullern, wenn man Sichtschutz hat. Offenbar geht es bei Erwachsenen darum, nicht gesehen zu werden, während Kinder aus irgendeinem Grund beim Pinkeln gesehen werden dürfen. Nelly vertritt die These, dass das okay ist, weil Kinder so klein sind, dass man sie ohnehin nicht so sehr sieht. Obwohl Alexander nicht nach Gründen für das vermeintliche Verbot gefragt hatte, werden diese diskutiert. Dabei präzisieren sich die kulturellen Hintergründe der Norm.

Die Frage von Alexander nach weiteren Beispielen dafür, dass Erwachsene mehr dürfen als Kinder, versteht Edgar genau umgekehrt. Er knüpft also an Nellys anfängliche These an.

Länger aufzubleiben und Filme sehen zu dürfen wird Thema. Edgar liefert den Grund des Verbotes gleich mit: Angstvermeidung. Nelly ergänzt: Vermeidung von Übermüdung.

Nelly findet indessen einen Fall, in dem sowohl Erwachsene als auch Kinder zur gleichen Benachteiligungsgruppe gehören: Babybreiessen dürfen nur Babys, Erwachsene und Kinder nicht. Nelly ist beim Nachdenken von der Frage, was erlaubt ist, zu der Frage gekommen, was „man" nicht gewohnt ist: Denn natürlich dürfen Erwachsene und Kinder Babybrei essen, sie tun es in der Regel nur nicht.

Es ist spannend, an diesem Punkt gemeinsam weiterzudenken: Welche Dinge fallen uns noch ein, die uns unerhört, ungewöhnlich, fast schon „verboten" erscheinen, die aber lediglich ungewohnt sind? Haben Kinder dieses Problem, etwas machen zu wollen, was „man" angeblich nicht macht, schon oft erlebt?

Tipps für die Gespräche mit Kindern

Schälen Sie die für die Diskussion relevanten allgemeinen Aussagen aus der artikulierten Einzelbeobachtung eines Kindes: „Aha, es gibt also Sachen, die dürfen Kinder, aber Erwachsene nicht."

Fragen Sie nach Gründen für Aussagen, die Kinder machen, etwa in Fragesätzen wie: „Was denkt ihr denn, warum das so ist?", „Was meint ihr: Warum ist das so?" Die Kinder fühlen sich dadurch weniger dazu gedrängt, objektiv richtige Erklärungen geben zu müssen. Vielmehr werden sie ermutigt, nachzudenken.

Machen Sie deutlich, dass vermeintlich klare Positionen nicht so klar sind, wie sie scheinen. Suchen Sie mögliche Einwände gegen eine feste Meinung und artikulieren Sie diese.

Vermeiden Sie „Ja, aber"-Einstiege! Der Widerspruch kommt zu schnell nach der Bestätigung, er hebt sie dadurch auf.

Lassen Sie auch das Erzählen von Anekdoten und Alltagserfahrungen zu, selbst wenn dadurch das eigentliche Gesprächsthema für einen Moment verloren geht. Nachdenkgespräche haben eine wichtige soziale Dimension und dienen nicht nur dem Gewinn von Erkenntnis.

Wie kann ich Nachdenkgespräche im Kita-Alltag umsetzen?

Es sind vor allem Nachdenkimpulse in Alltagssituationen, die die Gesprächskultur in der Kita ausmachen. Erzieherinnen sollten also stets bereit sein, sich auf Gespräche mit Kindern einzulassen, indem sie Interesse an den Themen der Kinder zeigen und offene Fragen stellen: „Hey, auf deinem T-Shirt ist ja ein Einhorn drauf. Weißt du, ich frage mich, ob Einhörner besondere Pferde sind. Oder ob sie ganz andere Tiere sind? Was denkst denn du?", „Guck mal, hier auf der Fensterbank liegt eine Raupe. Was meinst du, wie die sich wohl fühlt, wenn wir sie in die Hand nehmen und raustragen?" Nicht aus jeder Frage wird sich ein Nachdenkgespräch ergeben und nicht jedes Gespräch muss sich um die Rätsel des Universums drehen, aber der Blick für spannende Kleinigkeiten in unserer Umgebung und unser eigenes Interesse, neugierig die Welt zu entdecken, ist die Grundbedingung, um mit Kindern ins Gespräch zu kommen. Denn das Wichtigste ist, dass die Kinder selbst viel sprechen und wir ihnen zuhören.

Wenn Kinder immer wieder erleben, wie Erzieherinnen darauf brennen, ihre Fragen und ihre Gedanken zu hören, wenn Kinder also erkennen, dass sie in ihrer Neugier und ihrer Begeisterung gesehen und wertgeschätzt werden, dann entwickeln sich die Situationen für gemeinsames Nachdenken und Forschen ganz von alleine. Wer Kindern gegenüber stets Gesprächs- und Nachdenkbereitschaft signalisiert, erlebt schnell, dass sie von sich aus mehr Fragen stellen und Nachdenkgespräche einfordern. Dies führt dazu, dass wir als Pädagogen auch mehr gefordert sind, dem Wissens- und Erkenntnisbedarf der Kinder Rechnung zu tragen. Wir müssen uns gemeinsam mit den Kindern informieren und im Kindergarten öfter Bücher, das Internet und andere Medien nutzen, um die Inhalte der Gespräche auf eine gute Wissensbasis zu stellen. Dadurch passt sich auch die Umgebung im Kindergarten den Themen der Kinder an: Hier steht ein neues Buch über Piraten, hier wird ein Spiegelkabinett zum Thema Unendlichkeit gebastelt

und dort hängt ein Plakat, auf dem der neue Kaninchenstall aufgemalt und beschrieben ist.

Alle Kinder profitieren von Nachdenkgesprächen, unabhängig von Intelligenz und Altersentwicklung. Letztlich ist aktives Nachdenken eine Kulturtechnik, die man sich aneignet. Der Philosoph Ekkehard Martens stellt das Philosophieren deshalb auf eine Stufe mit Rechnen, Schreiben und Lesen.[10] Damit Nachdenkgespräche von den Erziehern tatsächlich regelmäßig begleitet werden, muss allen Teammitgliedern einer Kindertageseinrichtung die Wichtigkeit von kognitiv anregender Interaktion klar sein. Eine gemeinsame Weiterbildung zu dem Thema ist vorteilhaft, unterstützend wirken auch Gespräche zwischen Erzieherinnen, in denen die Gedanken und Fragen der Kinder reflektiert werden. Das gleiche gilt auch für die Zusammenarbeit mit Eltern. Auch in Tür-und-Angel-Gesprächen können Denkanstöße, die von den Kindern kommen, weitergegeben und diskutiert werden. Langfristig müssen Eltern aber auch immer wieder in größere Projekte einbezogen werden, in denen gemeinsam über die spannenden Fragen der Kinder gesprochen wird.

10 Martens, Ekkehard: Philosophieren mit Kindern. Eine Einführung in die Philosophie. Reclam Verlag, Stuttgart 1. Auflage 1999.

Nachwort: Sprache und Kognition – der Dialog im Zentrum

Recherchiert man die aktuellen Debatten der Entwicklungspsychologen und Hirnforscherinnen, wird deutlich: Sprache ist nicht der Ursprung des Denkens, der Kognition. Sprache ist ein Teil des kognitiven Vermögens des Menschen – ein besonderer Teil, denn er wirkt auf die anderen Bereiche der Kognition ein. Das tut er, wie Michael Tomasello vom Max-Planck-Institut für evolutionäre Anthropologie in Leipzig betont[11], auf verschiedene Weisen: Zum einen geben wir über Sprache unser Wissen weiter, wir transferieren über Generationen Denkmodelle und Erklärungsmuster. Zum anderen wird durch die strukturierende Rolle der Sprache unser kausales und klassifikatorisches Denken beeinflusst: Jede Erzählung berichtet von Ereignissen, die sich auseinander entwickeln, irgendwie nachvollziehbar und logisch folgen. Und schließlich und vor allem: Wir sprechen nicht mit uns selbst, sondern mit anderen. Wir hören zu und verstehen andere, wenn sie sprechen. Durch den Dialog erleben wir, dass andere Menschen andere Gefühle und andere Meinungen haben und dass sie die vermeintlich selben Dinge ganz anders interpretieren, als wir es tun. Das führt dann zu den Missverständnissen, die wir alle kennen: Wir merken, dass man sich aus unterschiedlichen Perspektiven auf den gleichen Gegenstand beziehen kann. Im Dialog lassen sich diese Missverständnisse aber auch klären.

Durch Dialoge mit Erwachsenen wird die kognitive Entwicklung von Kindern unterstützt: Kinder erleben die Denkmodelle und Denkwege der Erwachsenen durch das Fragen und erweitern ihr Weltwissen. Kinder entwickeln eine Idee von zeitlichen und kausalen Verknüpfungen durch gemeinsame Dialoge. Und sie erkennen andere als Wesen mit anderer Perspektive und anderen Meinungen. Das alles funktioniert besonders gut, wenn Dialoge häufig genug stattfinden, wenn die Kinder tagein, tagaus in Dialogen baden dürfen. Die Dialoge, die Kinder täglich erleben, sollten natürlich eine bestimmte Qualität haben – anders gesagt: Man kann den lieben langen Tag reden, ohne auch nur einen einzigen Gedanken zu fassen. Aber man kann nicht den ganzen Tag reden, ohne dass beteiligte Kinder in ihrem Dialogverhalten beeinflusst werden.

Es gibt, grob gesagt, drei Sorten von Gesprächen, in denen Dialogkompetenzen weiterentwickelt werden. Tagtäglich finden eine Unmenge organisatorischer Gespräche statt: am Tisch, zwischen Tür und Angel, am Telefon. Wer

11 Tomasello, Michael: Die Ursprünge der menschlichen Kommunikation. Suhrkamp Verlag, Berlin 3. Auflage 2009.

macht wann was? Was muss mein großer Sohn, der heute bei seiner Freundin übernachten will, jetzt mitnehmen, damit er mit meinem Auto, nachdem ich morgen meinen kleinen Sohn von der Kita abgeholt habe, noch das Katzenfutter bei meiner Schwägerin vorbeibringen kann, bevor er zum Fußball fährt? Wer Planungsgespräche nicht ausgiebig führt, hat oft genug doppelten Zeitaufwand. Manchmal finden diese Planungsgespräche auch als Selbstgespräche statt: Dann bleiben für die Kommunikation mit den anderen Beteiligten nur freundliche Anweisungen: Du nimmst jetzt bitte den Ersatzautoschlüssel mit! Und im pädagogischen Alltag: „Ihr zieht euch jetzt bitte mal an, dann geht ihr runter und da wartet ihr. Falls es noch länger dauert, spielt ein wenig auf dem Spielplatz. Okay?" Das sind dann zwar sinnvolle Sätze – aber eben kein Dialog. Eigene Unternehmungen mitzuplanen, ist für die Kinder ein elementares Bedürfnis. Auch wenn wir bei Organisationsgesprächen nachdenken müssen, sind sie keine Nachdenkgespräche.

Eine weitere Form des Dialogs beschäftigt sich mit unserem alltäglichen Leben. Man redet zum Beispiel beim gemeinsamen Essen darüber, was passiert ist, wie es einem ergangen ist, wer nett war – und wer eher nicht (das meistens ausführlicher) und darüber, was die Nachbarn erzählt haben. Hier tauschen wir Neuigkeiten aus und informieren uns über das, was wir den lieben langen Tag erlebt haben und berichten auch von unseren Gefühlen. Diese Gespräche haben den Zweck, einen gemeinsamen Hintergrund an Erfahrungen, auf dem dann Interpretationen geteilt werden können, immer wieder neu zu erstellen und umzuarbeiten. Wie wichtig dieser Dialogtyp ist, merkt man, wenn man wegfährt und nach drei Tagen den Einblick in die Ereignisse zu Hause schon ein wenig verloren hat. Man kann sich schnell fremd fühlen, wenn man nicht lang und breit Kleinigkeiten dieser Art am Telefon ausgetauscht hat. Wenn Kinder an diesem Dialog partizipieren, entsteht für sie ein „Wir-Gefühl" und sie merken, wie wichtig es für die anderen ist, an ihren eigenen Erfahrungen teilzuhaben und eigene Erfahrungen darzustellen. Aber auch diese Erlebnisgespräche sind keine Nachdenkgespräche.

Dann gibt es eine dritte Form von Gesprächen. In diesen Gesprächen reden wir nicht von den Erlebnissen, sondern über sie. Wir fragen uns, was sie zu bedeuten haben, warum wir so empfunden haben oder anders, welches das Motiv des Nachbars gewesen sein könnte und darüber, wie – im allgemeinen die Menschen sind und sein sollten: Wir reden darüber, wie andere es gesehen haben könnten oder sollten. Wir nehmen gewissermaßen auf uns oder unsere gemeinsamen Situationen eine Draufsicht-Perspektive ein. Wir reden über uns als Menschen, wie wir (ob nur die am Tisch oder alle anderen auch) die Dinge erleben und verstehen. Dabei fragen wir, auch wenn wir die anderen am Tisch fragen, eigentlich immer uns selbst. Wir reden über die Welt und darüber, warum sich die Dinge in ihr so verhalten, wie sie sich verhalten. Zum Beispiel: Warum man immer mehr Zeit für so aufwendige Planungsgespräche abzwacken muss? Wir halten gewissermaßen im Alltags-, Orga- und Erlebnisgespräch inne und gehen auf eine andere Ebene: Wir interpretieren unsere eigenen Handlungen und unsere eigenen Gedanken. Wir hinterfragen die Dinge, die jeden Tag selbstverständlich ablaufen und vergegenwärtigen uns, was wir alles nicht wissen. Das ist auf einer persönlichen Ebene psychologisch, auf einer allgemeinen Ebene philosophisch. Wir tauschen uns über mögliche Gründe aus, fragen uns, was gut und was schlecht, was richtig und was falsch ist. Diese Gespräche bilden die Grundlage der Selbstreflexion. Wir bekommen Abstand von der handlungspraktischen Planung und der reinen Erlebnissituation und erleben uns selbst als planend und erlebend: Es kann sein, dass wir beim Einkaufen von Katzenfutter plötzlich innehalten und uns fragen: Ist das eigentlich richtig, dass man um Tiere so viel Wirbel macht, angesichts dessen, dass so viele Menschen in der Welt hungern? Oder dass wir uns beim Fußball gucken fragen: Wie kommt es eigentlich, dass es den Menschen Spaß macht, einem Ball hinterherzurennen. Ist das nicht reine Zeitverschwendung? Gibt es überhaupt etwas, was keine reine Zeitverschwendung ist? Und in der Kita fragen wir uns plötzlich: Gut. Der Käfer, den Rosa gefunden hat, der ist schön, er hat sechs Beine und ist kleiner als eine Spinne. Aber: Was unterscheidet den eigentlich von uns? Kann der uns eigentlich sehen? Ist der traurig, wenn er von seiner Mama weggenommen wird? Warum läuft der eigentlich die ganze Zeit so stumm durchs Leben?

Mit solchen Fragen beginnen philosophische Gespräche. Durch sie bilden wir einen gemeinsamen Hintergrund. Nicht auf der Erlebnisebene (Familie / Kindergarten), sondern auf der Denk- oder Begriffsebene. Wir erleben uns selbst und die anderen im Prozess des Nachdenkens. Das ist Metakognition – ein Nachdenken über die Inhalte unseres Denkens.

Erwachsene sollten ihre „Dialogkompetenzen" genauer unter die Lupe nehmen, wenn sie mit Kindern kognitiv anregend sprechen wollen:

Sowohl was Organisations- und Erlebnisdialoge als auch philosophische Dialoge betrifft: Eine Dialogkompetenz ist in jedem Fall die Fähigkeit, auf sensible Weise zu erforschen, was ein Kind sagen möchte. Dann gehört in die Reihe der Dialogkompetenzen die Fähigkeit, den Aufmerksamkeitsfokus des Kindes zu erkennen – und außerdem: Ihn durch Fragen im Gespräch aufzunehmen und so den Aufmerksamkeitsfokus zu einem gemeinsamen werden zu lassen. Diese dritte genannte Kompetenz ist es, die für das Nachdenken mit Kindern in besonderer Weise relevant ist: Und da gibt es eine Menge, was man aus der Arbeit der Philosophen und Philosophinnen (ja, auch die gab es und gibt es!) in den letzten 2000 Jahren lernen kann – von der Haltung her und von der Frage-Methodik. Philosophen befragen das vermeintlich Selbstverständliche. Außer ihnen tun das auch Kinder – auch sie sind grenzenlos neugierig. Philosophen haben über Jahrtausende Methoden entwickelt, die dabei helfen, den Selbstverständlichkeiten möglichst gewinnbringend auf den Leib zu rücken. Diese Methoden sind auch für die andere Neugiergruppe, für die Kinder, interessant. Diese Methoden garantieren eine Dialogqualität, die kognitiv anregend ist. Kurz: Man kann den Gegenstand der gemeinsamen Rede (und sei es ein Regenwurm) gemeinsam beschreiben (seine fühlbaren und nicht-fühlbaren Eigenschaften und Fähigkeiten), man kann ihn mit anderen Tieren oder Gegenständen vergleichen, man kann nach den Ursachen seines Seins und seinen Zwecken forschen und man kann gemeinsam darüber spekulieren, wie es wäre, wenn Menschen wie Regenwürmer lebten? Und es gibt neben der Haltung und den Methoden, die die Philosophie zu bieten hat, auch noch deren besondere Themen: Wie verhält es sich mit uns als Menschen in dieser Welt? Was ist eigentlich gut? Gibt es ein Leben nach dem Tod? Was können wir eigentlich wirklich wissen – täuschen wir uns nicht in allem? Was ist wirklich wichtig im Leben? Das sind Themen, die für die Kinder wichtig sind, weil sie sie in vielen Einzelgestalten erleben: Ich will nicht, dass Pascal mitspielt, aber Pascal soll nicht traurig sein ... Oma ist lange tot, was wird aus mir? ... Gab es Herkules wirklich? ... Woher wissen wir, dass es Saurier gab? ... Kinder werfen Fragen auf und entwickeln Hypothesen. Wichtig ist, dass sie auf Erwachsene treffen, die das auch tun. Sie brauchen Partner, die ihre eigenen Ideen einwerfen und die Gedanken der Kinder auf- und ernstnehmen, um mit ihnen gemeinsam weiterzudenken. Kinder brauchen auch Erwachsene, die gedanklich Fragen anstoßen, die den Aufmerksamkeitsfokus schärfen, indem sie das Augenscheinliche hinterfragen. Kinder brauchen keine instruktiven Welterklärer, sie brauchen Weltbefrager.

Frauke Hildebrandt
im März 2011

Frauke Hildebrandt

Frauke Hildebrandt studierte in Berlin und Budapest Geschichte, Hungarologie und Philosophie. 2007 promovierte sie in Philosophie an der Humboldt Universität Berlin. Sie war Programmleiterin bei der Deutschen Kinder- und Jugendstiftung im Bereich „Frühkindliche Bildung" und ist Mitglied der Kommission des Landes Brandenburg „Gemeinsamer Orientierungsrahmen zur Bildung in Kindertagesbetreuung und Grundschule". Gemeinsam mit Alexander Scheidt betreibt sie das Berliner Büro für Philosophie und Bildung. Ihre Arbeitsschwerpunkte sind der Übergang von der Kita in die Grundschule, Denken als Kulturtechnik, Fragen der Kinder als Ausgangspunkt pädagogischer Handlungen. Sie berät Landkreise, Kommunen und Einrichtungen, die ihre Bildungsqualität in der frühkindlichen Bildung weiterentwickeln wollen. Frauke Hildebrandt lebt mit ihrem Mann und ihren vier Kindern in der Märkischen Schweiz.

Tipps zum Weiterlesen

Bloom, Paul
The Moral Life of Babies.
New York Times Magazine, 5. Mai 2010

Bostelmann, Antje / Metze, Thomas (Hrsg.)
Zwischen Himmel und Erde.
96 Seiten
Beltz Verlag, Weinheim, Basel 1. Auflage 2005
ISBN 978-3589253791

Brodie, Kathy
http://www.kathybrodie.com/viewpoint/sustained-shared-thinking-important/ (24.03.2011)

Cam, Philip
Zusammen nachdenken.
150 Seiten
Verlag An der Ruhr,
Mülheim an der Ruhr 1. Auflage 1996
ISBN 978-3860722558

Delfos, Martine F.
„Sag mir mal ...".
Gesprächsführung mit Kindern (4 bis 12 Jahre).
204 Seiten
Beltz Verlag, Weinheim, Basel 6. Auflage 2010
ISBN 978-3407221285

Dschuang Dsi.
Das wahre Buch vom südlichen Blütenland.
Übersetzt von Richard Wilhelm.
336 Seiten
Diederichs Verlag, München 1. Auflage 2008
ISBN 978-3720530576

Faust, Gabriele et al.
Anschlussfähige Bildungsprozesse im Elementar- und Primarbereich.
288 Seiten
Klinkhardt Verlag,
Bad Heilbrunn 1. Auflage 2004
ISBN 978-3781512658

Fried, Lilian / Briedigkeit, Eva
Sprachförderkompetenz.
80 Seiten
Cornelsen Verlag Scriptor,
Berlin 1. Auflage 2008
ISBN 978-3589245123

Hösle, Vittorio
Der philosophische Dialog.
480 Seiten
Verlag C. H. Beck, München 1. Auflage 2006
ISBN 978-3406542190

Klann-Delius, Gisela
Spracherwerb.
231 Seiten
Verlag Metzler, Stuttgart 2. Auflage 2008
ISBN 978-3476123213

König, Anke
Interaktion als didaktisches Prinzip: Bildungsprozesse bewusst begleiten und gestalten.
120 Seiten
Bildungsverlag EINS, Köln 1. Auflage 2010
ISBN 978-3427800255

Martens, Ekkehard
Philosophieren mit Kindern.
Eine Einführung in die Philosophie.
202 Seiten
Reclam Verlag, Stuttgart 1. Auflage 1999
ISBN 978-3150097786

Matthews, Gareth B.
Philosophische Gespräche mit Kindern.
159 Seiten
Freese Verlag, Berlin 2. Auflage 1993
ISBN 978-3889420084

Nelson, Katherine
Young minds in social worlds.
330 Seiten
Harvard University Press,
Cambridge 1. Auflage 2007
ISBN 978-0674023352

Piquemal, Michel
Philo fabelhaft. 63 Fabeln aus aller Welt und ihre philosophische Bedeutung.
143 Seiten
Moses Verlag, Kempen 1. Auflage 2004
ISBN 978-3897772007

Shakespeare, William
Hamlet.
Übersetzt von August Wilhelm Schlegel.
154 Seiten
Fischer Verlag,
Frankfurt am Main 2. Auflage 2008
ISBN 978-3596900343

Szagun, Gisela
Sprachentwicklung beim Kind.
318 Seiten
Beltz Verlag, Weinheim, Basel 3. Auflage 2010
ISBN 978-3407858962

Tomasello, Michael
Die kulturelle Entwicklung des menschlichen Denkens.
Übersetzt von Jürgen Schröder
307 Seiten
Suhrkamp Verlag, Berlin 4. Auflage 2006
ISBN 978-3518294277

Tomasello, Michael
Die Ursprünge der menschlichen Kommunikation.
Übersetzt von Jürgen Schröder
409 Seiten
Suhrkamp Verlag, Berlin 3. Auflage 2009
ISBN 978-3518585382

Abbildungsverzeichnis

Autor und Verlag

Alexander Scheidt

Alexander Scheidt studierte in Hamburg, London und Berlin Philosophie und Neuere Deutsche Literatur und ist seit 2003 als Philosophie-Lehrer an den KLAX-Schulen tätig. Gemeinsam mit Frauke Hildebrandt betreibt er das Berliner Büro für Philosophie und Bildung, ein Weiterbildungs- und Praxisberatungsbüro für Erzieher/innen und Lehrer/innen. Thematische Schwerpunkte seiner Arbeit sind Methoden der kognitiv anregenden Interaktion mit Kindern und die Förderung metakognitiver und wissenschaftsmethodischer Kompetenzen. Er gibt Weiterbildungsseminare und Teamcoachings zu den Themen Portfolioarbeit und selbstgesteuertes Lernen. Alexander Scheidt ist verheiratet und lebt in Berlin.

Bananenblau Verlag

Der Bananenblau Verlag wurde 2010 von Antje Bostelmann gegründet und ist das jüngste Firmenmitglied der KLAX-Gruppe. Als Praxisverlag für Pädagogen besteht das Ziel von Bananenblau in der Veröffentlichung pädagogischer Fachpublikationen, die sich durch ihre Aktualität und ihren praktischen Bezug auszeichnen. Die Praxisbücher sollen Pädagogen eine Hilfe sein und ihnen wertvolle Anregungen und Tipps für den Berufsalltag geben. Fundament der Arbeit des Bananenblau Verlags bildet die langjährige Praxiserfahrung im Bereich der Pädagogik. Seit den 90er Jahren ist KLAX als Träger von Krippen, Kindergärten und Schulen sowie als Anbieter vielfältiger Kreativangebote fest auf dem europäischen Bildungsmarkt etabliert und Vorreiter in der Entwicklung und Umsetzung innovativer Pädagogikkonzepte.